本书编委会

主　任／李文辉
副主任／程　伟
委　员／曹志永　卫　民　熊　巍　胡　亮
　　　　姜银宝　景　浩　郭得敏　李　坤
　　　　仓　拉
编　著／熊　巍　景　浩　郭得敏

TRIZ创新方法
及其在烟草行业的应用

TRIZ CHUANGXIN FANGFA
JI QI ZAI YANCAO HANGYE DE YINGYONG

西藏自治区烟草专卖局／组织编写

熊　巍　景　浩　郭得敏／编著

四川大学出版社
SICHUAN UNIVERSITY PRESS

图书在版编目（CIP）数据

TRIZ 创新方法及其在烟草行业的应用 / 熊巍，景浩，郭得敏编著． — 成都：四川大学出版社，2023.8
ISBN 978-7-5690-5623-5

Ⅰ．①T… Ⅱ．①熊… ②景… ③郭… Ⅲ．①烟草工业－工业企业管理－中国 Ⅳ．① F426.896

中国版本图书馆 CIP 数据核字（2022）第 150111 号

书　　名：TRIZ 创新方法及其在烟草行业的应用
　　　　　TRIZ Chuangxin Fangfa ji Qi zai Yancao Hangye de Yingyong
编　　著：熊　巍　景　浩　郭得敏

选题策划：唐　飞
责任编辑：刘柳序
责任校对：吴连英
装帧设计：墨创文化
责任印制：王　炜

出版发行：四川大学出版社有限责任公司
　　　　　地址：成都市一环路南一段 24 号（610065）
　　　　　电话：（028）85408311（发行部）、85400276（总编室）
　　　　　电子邮箱：scupress@vip.163.com
　　　　　网址：https://press.scu.edu.cn
印前制作：四川胜翔数码印务设计有限公司
印刷装订：四川煤田地质制图印务有限责任公司

成品尺寸：170 mm×240 mm
印　　张：14.75
字　　数：300 千字

版　　次：2023 年 8 月　第 1 版
印　　次：2023 年 8 月　第 1 次印刷
定　　价：60.00 元

扫码获取数字资源

四川大学出版社
微信公众号

前　言

党的十八大以来，以习近平同志为核心的党中央高度重视科技创新工作，坚持把创新作为引领发展的第一动力。烟草行业始终认真落实党中央、国务院决策部署，国家烟草专卖局党组明确提出要坚持创新在行业高质量发展全局中的核心地位，把科技自立自强作为行业发展的战略支撑，深入实施创新驱动发展战略，并系统谋划出台了系列科技创新政策。烟草行业是国民经济的重要组成部分，当前已进入依靠科技创新全面塑造发展新优势的阶段，创新已成为加快建设现代化烟草经济体系、推动行业高质量发展的关键因素。

TRIZ 是公认的系统化解决创新和发展问题的有效理论和工具，为烟草行业深入贯彻落实党中央、国务院创新驱动发展战略部署提供了全新的方向和思路，有益于激发干部职工的创造潜能、提高创新意识，能够指导和帮助我们创造性解决经营管理各项工作中的难题。当前，TRIZ 的应用越来越广，特别是随着人工智能、大数据以及云计算等技术的成熟应用，基于 TRIZ 的系统创新方法，逐步从工程技术领域向管理决策领域延伸，推广应用前景良好。但是，现实中 TRIZ 在非工程技术领域的研究和应用尚停留在探索阶段，缺乏系统完善的理论体系和大量的实践活动验证。

本书从创新思维和创新方法的基本理论出发，立足烟草行业精益管理工作实际，以西藏烟草系统工作为切入点，研究 TRIZ 及其应用方法，找准制约提质增效的短板和瓶颈，比如基于最终理想解提升烟草企业管理水平，物场分析理论在专卖执法中的应用，矛盾分析理论在卷烟质检领域的应用案例等。通过明确差距和提升方向，本书为精益管理提供丰富的方案或者案例来源，充分激发干部职工发现问题、解决问题的积极性主动性，拓展发展新空间，加快推进创新工作，挖掘创新潜力，从而控制经营管理成本，提高战略应变能力和风险防控能力，全面促进企业提质增效。

我们要抓住行业推动创新发展战略的机遇，充分认识到，加快新时代科技创新是立足新发展阶段、贯彻新发展理念、构建新发展格局的战略抉择，是推动高质量发展、推进高效能治理、造就高素质队伍的关键之举。以研究 TRIZ 及其在烟草企业中的应用为契机，自觉在党和国家工作大局及烟草事业全局中找准定位，把握烟草科技发展趋势，主动担负起推进科技自立自强的时代使命，全面提升创新能力，为推动高质量发展注入强劲动力。

编者

2023 年 6 月

目　录

第一章　TRIZ 创新方法基本理论 ···（ 1 ）

第一节　TRIZ 的发展历程与国内研究现状 ······························（ 1 ）

第二节　TRIZ 的主要内容 ···（ 4 ）

第三节　TRIZ 解决问题的一般过程 ···（ 9 ）

第二章　TRIZ 应用于管理创新的研究现状 ·································（15）

第一节　管理创新概况 ··（15）

第二节　TRIZ 在管理创新领域的国内外研究现状 ·····················（16）

第三节　TRIZ 在管理创新领域应用的可行性和基本思路 ············（17）

第三章　系统进化理论及应用 ··（22）

第一节　系统进化基本理论 ··（22）

第二节　S 曲线法则 ···（25）

第三节　技术系统八大基本进化法则 ···（28）

第四节　系统进化法则作用 ··（46）

第四章　TRIZ 创新思维及应用 ………………………………………（49）

　第一节　最终理想解 ……………………………………………………（49）

　第二节　资源分析法 ……………………………………………………（58）

　第三节　九屏幕法 ………………………………………………………（58）

　第四节　STC 法 …………………………………………………………（60）

　第五节　金鱼法 …………………………………………………………（63）

　第六节　小人法 …………………………………………………………（65）

第五章　物场分析理论及应用 ………………………………………（70）

　第一节　物场模型的来源及其定义 ……………………………………（70）

　第二节　基本物场模型 …………………………………………………（71）

　第三节　物场模型的 76 个标准解 ……………………………………（73）

　第四节　物场分析理论在专卖执法中的应用 …………………………（114）

第六章　矛盾分析理论及应用 ………………………………………（117）

　第一节　矛盾的概念及分类 ……………………………………………（117）

　第二节　经典矛盾矩阵 …………………………………………………（118）

　第三节　四十条常用的技术创新原理 …………………………………（121）

　第四节　冲突与分离原理 ………………………………………………（164）

　第五节　管理矛盾的最新研究 …………………………………………（167）

　第六节　矛盾分析应用案例 ……………………………………………（176）

第七章　流分析理论及烟草企业创新案例分析 ……………………（179）

　第一节　流分析理论基本概念 …………………………………………（179）

　第二节　减少或消除有害流的优化措施 ………………………………（182）

　第三节　增加有益流的优化措施 ………………………………………（193）

　第四节　减少过度流的优化措施 ………………………………………（196）

　第五节　改善流的导通率的优化措施 …………………………………（199）

　第六节　改善利用率有缺陷的流的优化措施 …………………………（204）

第八章　TRIZ 与烟草企业专利战略与布局 ………………………… (207)

第一节　行业专利保护的现状 ………………………………………… (207)

第二节　TRIZ 与烟草企业专利战略 ………………………………… (209)

第三节　TRIZ 与烟草企业专利布局 ………………………………… (214)

第一章　TRIZ 创新方法基本理论

TRIZ 是俄文字母对应的拉丁字母的缩写，英译是 Theory of Inventive Problem Solving，在我国被音译为"萃智"，意译为发明问题解决理论。TRIZ 是由苏联发明家根里奇·阿奇舒勒（G. S. Altshuller，也译为根里奇·阿利赫舒列尔）在分析了成千上万份专利后创立的。阿奇舒勒发现发明背后存在一些普遍规律：大量专利是使用同一原理提出的。每条发明的原理或方法并不限于某一特定的应用领域，而是集合了不同领域的原理，并且类似的问题或矛盾及其解决原理会在不同的科学或工程领域交替出现。此外，技术系统也存在与生物系统一样的产生、发展、成熟与衰亡的进化规律，掌握这些规律可以更好地预测技术系统发展方向或者提供创新设计的可控性[1]。这些规律形成了 TRIZ 的原始基础。之后的数十年中，阿奇舒勒和同事们一起总结了不同技术改革遵照的发展规律，建立了一套由解决技术问题到实现开发创新的由各种方法、算法构成的综合性体系，并结合多学科领域的知识，开发出 TRIZ 体系[2-3]。

创新方法是自主创新的根本之源，TRIZ 作为一种普适的技术哲学为自主创新提供了很好的工具。本章主要从 TRIZ 的发展历程与国内研究现状、TRIZ 的主要内容、TRIZ 解决问题的一般过程三个方面系统介绍 TRIZ。

第一节　TRIZ 的发展历程与国内研究现状

一、TRIZ 的发展历程

对于 TRIZ 发展阶段的划分，一些学者采用历史学的研究方法将其划分为古典 TRIZ 时期和现代 TRIZ 时期。赵军洁[4]在总结前期各国学者对 TRIZ 发展历程的研究基础上，将 TRIZ 划分为三个阶段。

（一）TRIZ 的开创奠基阶段（1946—1980 年）

1946 年，阿奇舒勒在苏联里海海军专利局工作期间发现，工程技术领域系统的改进、变革和自然界的生物系统一样，有产生、发展、成熟和衰亡的规律。人们一旦掌握这一技术系统的进化规律，就能够预测技术系统的方向，从而进行创新性的研发。在这一思想的基础上，阿奇舒勒带领团队进一步建立了 TRIZ 的概念基础，发表了一系列的研究成果，主要包括：1956 年首次发表的 TRIZ 相关的论文《创作发明心理学》和技术进化理论，1959 年提出的发明问题解决算法（Algorithm for Inventive Problem Solving，ARIZ），1961 年出版的《如何学会发明》一书，1969 年提出的专利评价体系，1977 年提出的效应知识库与物—场分析方法，1979 年提出的矛盾分离原理，等等。这一时期出现了很多 TRIZ 相关的思路和方法，积累了大量的工程知识，但还没有形成抽象化的表述和表达方式，因此，只适用于 TRIZ 研究者或者其他科研工作者的粗放使用。1980 年，苏联举办了首届 TRIZ 大会，从此 TRIZ 开始受到大众的广泛关注。

（二）TRIZ 的发展应用阶段（1981—1990 年）

这一时期，阿奇舒勒开始带领团队创建 TRIZ 培训学校，专门教授 TRIZ 相应的方法学，并为企业提供 TRIZ 咨询。这一时期对集成 TRIZ 方法、工具并提出 TRIZ 的计算机解决方法起到了重要的作用。这一时期主要的成果有 1985 年的 76 个标准解与 ARIZ 软件的成熟，1989 年创立的俄罗斯 TRIZ 协会。这一时期虽然创建了 TRIZ 的工具和方法，但是其并未转化为系统的规则和演算法则，也未形成统一的组合系统。

（三）TRIZ 的扩散应用阶段（1991 年至今）

1991 年，苏联解体，TRIZ 开始走向世界。在这一时期，鲍里斯·兹洛廷（Boris Zlotin）等开始从以下两个方面对传统 TRIZ 进行改良：开发综合工具，希望用相同方式处理各种类型的问题；拓展 TRIZ 知识基础，开发出完整的发明问题解决流程和 Ideation－TRIZ 软件。1992 年，鲍里斯和阿拉·祖斯曼（Alla Zusman）在美国创立了 Ideation 公司，自此 TRIZ 传入美国并开始走向世界，这个时期又称为"Ideation 时期"。此时，TRIZ 已从最初的发明问题解决理论发展为开发基于 IT 知识的驱动方法。Ideation－TRIZ 软件主要包括基于知识库的系统分析方法和分析工具，在 1995 年创造出了增强的 ARIZ，此后产生了效应知识库和第三代 TRIZ 软件。Invention Machine 公司推出了基于 TRIZ 的软件——Tech Optimizer（技术优化器），用于创新性产品的概念设计，目前已在英特尔、通用电器、三星、惠普和联合利华等全球知名企业得到广泛应用。

综上所述，经过 70 多年的不断完善和发展，TRIZ 及其应用已受到全世界关注，除欧美国家以外，日本、韩国、中国和印度等国家都相继开展了 TRIZ 的相关研究。TRIZ 已从最初的技术工程领域扩展到社会科学等领域。

二、TRIZ 的国内研究现状

2000 年，TRIZ 进入中国，国内开始研究和应用 TRIZ。虽然 TRIZ 进入国内的时间不算长，但它已经逐渐得到国内诸多高校、科研机构和科研人员的重视。2008 年，科技部、国家发改委、教育部和中国科协共同出台了《关于加强创新方法工作的若干意见》，广泛普及了 TRIZ。随后科技部、创新方法研究会和有关高校起草出台了《创新方法应用能力等级规范》等一系列有关创新方法的国家标准[5-8]。此外，在各级政府的政策引导下，国内研究者对 TRIZ 做了大量研究，这些研究主要集中在以下 4 个方面。

一是介绍 TRIZ 的基本内容和应用发展情况。李建峰对国内 TRIZ 进行了研究，出版了教材《TRIZ 理论基础教程与创新实例》，并在中国科协主办的《科技创新与品牌》杂志上设立了"李老师讲 TRIZ"的专栏[9]。熊开封等从 TRIZ 的形成、基础理论、常用工具和研究进展等方面对 TRIZ 进行了系统阐述，并结合我国实际提出了 TRIZ 今后的研究重点和发展趋势[10]。韩博等集中对 TRIZ 中容易产生混淆的概念进行了系统辨析[11]，对 TRIZ 中技术系统完备性法则[12]和最终理想解[13]的应用进行了研究，并对 TRIZ 的科普化体系建设和 TRIZ 进校园做出了积极探索[14]。

二是 TRIZ 与其他创新理论和方法的集成与整合。TRIZ 是一套探究概念设计和创新的理论，主要解决设计中如何做的问题，对做什么的问题并未给出合适的工具。在技术领域的质量功能展开（Quality Function Deployment，QFD）[15-17]方法、实验设计（Design of Experiment，DOE）[18]、约束理论（Theory of Constraints，TOC）[19]、设计结构矩阵（Design Structure Matrix，DSM）和公理化设计方法（Axiomatic Design，AD）[20]等方法理论主要用于解决做什么的问题，与 TRIZ 形成互补的关系，所以研究 TRIZ 与这些理论在产品设计中的优点和不足，并提出集成模型，对于提升 TRIZ 的应用效果具有重要意义。

　　三是基于 TRIZ 为主的创新方法应用经验总结。我国对创新方法的研究起步较晚，因此对国外创新方法应用成功经验的总结和借鉴是非常必要的。2007年，为推广 TRIZ，四川、江苏和黑龙江三省开展了首批技术创新方法试点，着力提升科研人员分析和创新性解决问题的能力[21]。2013 年，中国质协举办了 TRIZ 交流研讨会和第一届高层研修班，推动应用创新技术体系建设[22]。黑龙江省围绕 TRIZ 的应用与推广，采取"培训先行、试点推动、典型引路"等措施，面向企业、高校和科研机构等群体开展了一系列工作，积累了经验[3]。此外，TRIZ 还在北京[23]、江苏[24]和湖北[25]等省市作为创新体系建设的重要内容进行了推广和应用。

　　四是基于 TRIZ 的创新应用实践。在实践层面上，我国的研究者们围绕TRIZ 的创新方法的推广与运用进行了大量的研究，取得了一系列的研究成果。在工程技术领域，研究者们运用 TRIZ 提高产品的创新性，缩短产品设计周期。近几年，TRIZ 成果已应用于研发设计数控装调实训台[26]、芦苇高立式沙障捆扎系统[27]、玫瑰花蕾采摘机[28]、营地手推车折叠机构[29]和烟田小型深耕机[30]等装置与设备，极大地提高了创新性设计的效率。

第二节　TRIZ 的主要内容

　　TRIZ 的核心思想是系统的进化原理，按照这一原理，系统一直处于进化之中，解决矛盾是推动系统进化的动力。TRIZ 大致可以分成三类：①TRIZ 的理论基础；②分析工具；③知识数据库。其中，TRIZ 的理论基础对于产品的创新具有重要的指导作用，分析工具是 TRIZ 用来解决矛盾的具体方法和模式，而知识数据库则是 TRIZ 解决矛盾的精髓。

　　经过半个多世纪的发展，TRIZ 已经成为一套成熟解决新产品开发实际问题的经典理论体系。这些工具体系不仅为人们提供了有力的支撑，而且为创新理论的软件化提供了坚实的基础。TRIZ 的问题分析与方法体系的逻辑框架如图 1-1 所示。

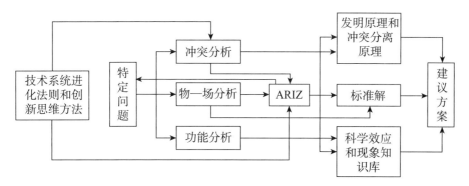

图 1-1　TRIZ 的问题分析与方法体系的逻辑框架[4]

一、最终理想解

理想化是系统的进化方向，不管是有意改变还是系统本身的进化发展，系统都在向着更理想的方向发展。系统的理想化程度用理想化水平来进行衡量。系统功能的实现需要有解决方案，如果一个解决方案可以使系统的理想度趋于无穷大，则认为该方案是最终理想化的结果（Ideal Final Result，IFR）。针对特定技术或管理问题，尝试构建尽可能达到 IFR 的解决方案，这个过程或者工具叫最终理想解。IFR 确保了系统进化有了确定的方向，避免发散和思维惯性，也避免了传统创新方法由于缺乏目标引导和条件限制而作出的折中妥协，提高了效率，有利于产生突破性创新。IFR 具有保持原系统优点、消除原系统不足、未使系统复杂化和没有引入新缺陷等特点[31]。

二、技术系统进化法则

针对技术系统不断演变的规律，在分析大量专利的基础上，TRIZ 总结提炼出八大技术系统进化法则。技术系统进化法则是 TRIZ 中解决发明问题的重要指导原则，可有效提高解决问题的效率，可应用于研究市场需求、定性技术预测、产生新技术、专利布局和制定企业战略等。

（1）S 曲线法则[32]。与生物系统的进化类似，任何专业领域产品的不断改进，技术的不断变革和创新也存在一个产生、生长、成熟、衰老、灭亡的过程，其规律满足一条 S 曲线。

（2）提高理想度法则[33]。技术系统的演变趋势是提升系统的理想化状态。

（3）子系统不均衡进化法则[34]。矛盾是由于系统中子系统开发的不均匀性导致的。

（4）向超系统进化法则[35]。已经发展到极限的技术系统可以向超系统进化，这对技术系统的发展是有益的。

（5）动态性进化法则[36]。技术系统一般先向复杂化演进，综合集成后再向简单化动态化发展。

（6）子系统协调性法则。技术系统的进化过程中，子系统的匹配和不匹配交替出现，以达到改善性能或补偿不理想的作用。

（7）向微观级和场的应用进化法则[37]。系统一般会从宏观系统向微观系统进化，即向小型化和能力场的方向进化。

（8）自动化进化法则[38]。系统会向增加自动化、减少人工介入的方向进化。

目前，国际上有些专家在阿奇舒勒八大技术系统进化法则的基础上提出了技术系统的十大进化法则，具体为：①S曲线法则；②提高理想度法则；③系统完备性法则；④向超系统进化法则；⑤增加剪裁度趋势法则；⑥子系统协调性法则；⑦可控性进化法则；⑧动态性进化法则；⑨减少人工介入的进化法则；⑩子系统不均衡进化法则。

三、物—场模型

根据 TRIZ，任何发明问题都应有物体及其与外界环境的相互作用，也就是包含两种物质和一个作用力（场），当然在 TRIZ 中描述的物质比通常含义更广一些，包括技术系统、外部环境或者是有机体等。物—场模型是一种问题分析的工具，解题模式主要是将需要解决的发明问题转化为物—场模型[39]，然后利用 76 个标准解来找出备选方案并结合实际确定最终方案[40]。在图示表达上，一个完整的物—场模型可以用 3 个圆圈加上 2~3 条连线表示，一个基本的物—场模型如图 1-2 所示。

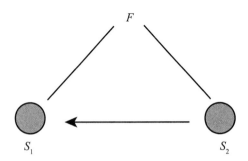

图 1-2　基本的物—场模型

四、矛盾矩阵与发明原理

矛盾在本质上属于事物的属性关系，是反映事物之间相互作用、相互影响的一种特殊的状态。这种属性关系是事物之间的一种"对立"关系，正是由于事物之间存在着这种"对立"的关系，所以它们才能够构成矛盾。

矛盾又分为技术矛盾和物理矛盾。当用某种方法去实现所需要的功能（有利效应）时，产生了另一方面的不足（不利效应），说明系统内部存在技术矛盾。物理矛盾是指系统中的一个性能指标或参数，为了某种功能的实现，对这一性能指标或参数提出了相反的要求。

矛盾是发明问题的核心，是否存在矛盾是区分发明问题和普通问题的标志，因此，解决矛盾就成为 TRIZ 的根本任务。避免系统中存在的多样化的矛盾，科学合理地刻画与描述矛盾，是解决问题的第一步。TRIZ 在总结大量专利中技术矛盾的基础上，提出了 39 个通用的工程参数，并根据这些参数与解决方法，总结出了 40 条发明原理。

TRIZ 将 39 个通用工程参数与 40 条发明原理有机地联系起来，建立起对应的关系，整理成 39×39 阶矩阵，这就是矛盾矩阵[41]。

五、流分析理论

流指物质、能量、信息在技术系统及环境中的运动。流本身具有很多属性，在基本性质上具有连续性和运动性的属性；在功能类型上，具有有用流、有害流、不足流、过度流、浪费流、中性流、单一流、复合流等；在本体上，具有占空性、质量、颜色、致密性、内能等属性；在形状上，具有长、短、粗、细、弯、直等特征；在方向上，具有可测量、不可测量、测不准等性质；在通道上，具有畅通、间断、阻滞、停滞、流与通道相互损害等属性。

流分析是一种识别技术系统内的物质、能量和信息流动缺陷的分析方法。流分析从一个全新视角来分析技术系统，是对物—场模型的发展与补充。

六、冲突解决理论

冲突是指为了实现某种功能或目的，针对系统的同一个参数提出了互斥的要求。当一个技术系统的工程参数具有相反需求时就出现了物理矛盾[42]。TRIZ 提出，解决物理矛盾采用分离原理。分离原理包括以下几个方面：

（1）空间分离，是指在解决冲突的过程中，考虑使对某一参数的互斥要求存在于不同的空间中，即在某空间中满足 A 需求，在另外一个空间中满足−A

需求。

（2）时间分离，是指在解决冲突的过程中，考虑使对某一参数的互斥要求存在于不同的时间中，即在某时间内满足 A 需求，在另外一个时间内满足−A 需求。

（3）与条件的分离，是指在解决冲突的过程中，考虑使对某一参数的互斥的要求存在于不同的条件下，即在某条件下满足 A 需求，在另外一个条件下满足−A 需求。

（4）系统分离，是指在解决冲突的过程中，考虑使对某一参数的互斥要求存在于系统不同的层次下（包括超系统、系统、子系统等不同级别），即在某系统（层级）中满足 A 需求，在另外一个系统（层级）满足−A 需求。

七、科学效应和现象知识库

科学效应和现象知识库是在分析了物理、化学、数学等领域的数百万项高水平发明专利的基础上构建起来的知识库，可以为发明问题的解决提供丰富的方案选择。在实际应用中的步骤如下[43]：①对问题进行深入分析；②定义并确定问题和需要实现的功能，从功能代码表中确定此功能所对应的功能代码；③从"功能与 TRIZ 推荐的科学效应与现象对应表"中查找此功能代码下推荐的科学效应和现象，获得相应的科学效应和现象的名称；④筛选所推荐的每个科学效应和现象，优先选择合适的解决本问题的效应作为最优解；⑤利用科学效应给出概念方案，查找每个科学效应和现象的详细解释，验证方案的可行性，如果问题没有得到解决或者功能无法实现，则需要重新分析问题或者再查找合适的科学效应，从而形成可实施、工程化的解决方案。

八、发明问题解决算法

发明问题解决算法（ARIZ）是 TRIZ 针对情境复杂、矛盾和相关部件不明确的系统而提出的一套算法：先对初始问题进行一系列非计算性的逻辑推理（变形及再定义等），再逐步深入分析问题、转化问题，直至问题的最终解决。ARIZ 需要强大的科学效应和现象知识库支撑。此外，应用 ARIZ 还需要在问题不十分清晰时对问题进行不断细化，从而确定物理矛盾，最后用软件解决相关问题。

第三节　TRIZ 解决问题的一般过程

TRIZ 作为一种系统化的创新方法，其基本思想是将一个待解决的问题抽象转化为 TRIZ 典型问题，也就是将日常语言转化为 TRIZ 语言，然后根据问题的属性，有针对性地应用不同的 TRIZ 工具，并采用相应的流程，得到典型方案模型，最后结合实际情况得到具体的解决方案（图 1-3）。其中，步骤 1 和步骤 2 在 TRIZ 的指导下对工程技术人员来说并不存在难度。而步骤 3 则是利用 TRIZ 解决问题的一大难点，其依赖设计者对问题的认识程度和设计经验，体现了设计者的创造能力。TRIZ 作为解决问题的方法，如果经过分析与应用后仍无法解决问题，则会被认为定义初始问题的过程有误，需要对初始问题进行更一般化的定义[44]。

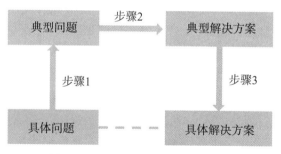

图 1-3　TRIZ 解决问题的一般过程

一、分析问题

分析是 TRIZ 的工具之一，是解决问题的一个重要阶段。分析问题的步骤如下：

（1）确定技术系统名称。

（2）确定技术系统的主要功能。

（3）对技术系统进行详细的分解，划分级别，列出各级别的零部件和各种辅助功能。

（4）对技术系统、关键子系统、零部件之间的相互依赖关系和作用进行描述。

（5）对系统和子系统的层级描述要准确。

（6）确定技术系统应改善的特性。

（7）确定并筛选设计系统被恶化的特性。

（8）确定参数。工程参数的定义描述是一项难度较大的工作，不仅需要对 39 个工程参数进行科学理解，更需要丰富的相关知识。

（9）对通用工程参数的矛盾进行描述。改善的工程参数与随之而来被恶化的工程参数形成了矛盾。如果确定该矛盾的两个工程参数是同一参数，则属于物理矛盾。

（10）对矛盾进行反向描述。如果加大一个恶化参数的程度，则改善参数将会被削弱，或者另一个恶化的参数将会被加剧。

二、解决问题

在产品创新过程中，冲突是最难解决的一类问题。TRIZ 提供了一套基于知识的技术来解决该类问题。应用 TRIZ 可在消除冲突的过程中自然地产生新的概念。创新与通常意义上的设计、工程或技术问题不同，是通过消除冲突来解决问题，而那些不存在冲突的问题，或可采用折中的方法解决的问题则不是创新[44]。

图 1-4 为 TRIZ 创新问题解决流程图。当针对具体问题确认了一个技术矛盾后，要用该问题所处技术领域中的特定术语描述该矛盾。之后，将矛盾的描述翻译成一般术语，由这些一般术语选择通用工程参数。查找矛盾矩阵得到所推荐的发明原理的排序编码。按照排序编码查找 40 条发明原理目录，获得发明原理的序号和名称。最后，按照发明原理的序号和名称，对应查找 40 条发明原理与实例获得发明原理的详解。

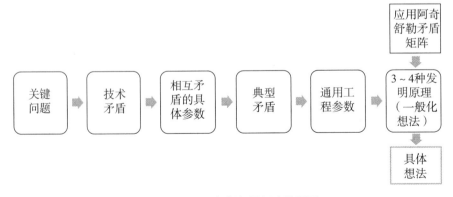

图 1-4　TRIZ 创新问题解决流程图

三、方案汇总与评价

该阶段将所求出的解与理想解进行比较，确保所做的改进不仅满足了技术需求，而且推进了技术创新。该过程可通过 ARIZ 算法实现。

TRIZ 认为，一个问题解决的困难程度取决于对该问题的描述程度，描述得越清楚，问题的解就越容易找到。在 TRIZ 中，创新问题求解的过程是对问题不断描述和程式化的过程。经过这一过程，初始问题最根本的冲突被清楚地暴露出来，能否求解就变得很清楚。如果已有的知识能用于解决该问题，则有解；反之无解，需等待技术的进一步发展。

实践证明，运用 TRIZ 可提高发明创造的效率，推动概念设计的进程，快速摸清问题的本质，准确定位探索的方向，并且能够预测系统进化发展的趋势[45]。

参考文献

[1] 彭慧娟，成思源，李苏洋，等. TRIZ 的理论体系研究综述 [J]. 机械设计与制造，2013（10）：270−272.

[2] 孙晓欧. 黑龙江省企业技术创新工程中 TRIZ 理论应用模式研究 [D]. 长春：吉林大学，2015.

[3] 崔文韬. 黑龙江省技术创新方法（TRIZ 理论）推广应用现状及建议 [J]. 黑龙江科技信息，2011（35）：134−135.

[4] 赵军洁. 基于 TRIZ 推动农业科技创新的影响因素及作用路径研究 [D]. 北京：中国农业大学，2014.

[5] 国家市场监督管理总局，中国国家标准化管理委员会. 创新方法知识扩散能力等级划分要求：GB/T 37098—2018 [S]. 北京：中国标准出版社，2019：1.

[6] 国家市场监督管理总局，中国国家标准化管理委员会. 企业创新方法工作规范：GB/T 37097—2018 [S]. 北京：中国标准出版社，2018：12.

[7] 国家市场监督管理总局，国家标准化管理委员会. 创新方法综合实施能力等级划分要求：GB/T 39667—2020 [S]. 北京：中国标准出版社，2020：12.

[8] 中华人民共和国国家质量监督检验检疫总局，中国国家标准化管理委员会. 创新方法应用能力等级规范：GB/T 31769—2015 [S]. 北京：中国标准出版社，2015：7.

[9] 温东梅. 推广普及创新方法（TRIZ 理论）的排头兵——李建峰 [J]. 海峡科技与产业，2016（4）：166.

[10] 熊开封，张华，崔鹏. 我国 TRIZ 理论研究综述 [J]. 包装工程，2009，30（11）：221－223.

[11] 韩博. TRIZ 理论中若干概念的辨析 [J]. 科技创新与品牌，2014（9）：90－92.

[12] 韩博. TRIZ 理论中技术系统完备性法则的应用研究 [J]. 技术与市场，2014，21（4）：34－35.

[13] 韩博. TRIZ 理论中最终理想解的应用研究 [J]. 科技创新与品牌，2015（2）：76－78.

[14] 韩博. TRIZ 理论的科普化 [J]. 技术与创新管理，2015，36（2）：214－218.

[15] 赵兰森. 基于 QFD 质量屋的 G 公司示教盒产品概念设计研究 [D]. 广州：华南理工大学，2018.

[16] 鲍倩茹. 基于集成 QFD/TRIZ 模型的零售业服务创新研究 [D]. 西安：西安工程大学，2016.

[17] 杨智涵. 基于 TRIZ 和 QFD 的绿色创新设计研究 [D]. 郑州：郑州大学，2019.

[18] 刘金松. 基于 SAPB/TRIZ/DOE 苜蓿联合播种机的设计与关键零部件仿真分析 [D]. 济南：济南大学，2020.

[19] 陈子顺，王哲，石文豪，等. TRIZ 和精益生产在约束理论中的应用 [J]. 机械设计与制造，2018（12）：68－71.

[20] 刘斌. 基于客户需求的精益产品开发研究 [D]. 上海：上海交通大学，2009.

[21] 江苏省科技厅. 江苏省开展技术创新方法试点工作 [J]. 华东科技，2009（11）：52－53.

[22] 中国质协将举办创新问题解决理论（TRIZ）交流研讨会暨第一届高层研修班 [J]. 中国质量，2013（6）：39.

[23] 张国会，于浩. 北京 TRIZ 方法推广模式研究 [J]. 科技进步与对策，2012，29（23）：28－33.

[24] 周晓明，严文强. 浅议 TRIZ 理论对江苏科技创新的推动 [J]. 江苏科技信息，2009（1）：10－12.

[25] 许白云. TRIZ 理论在湖北省推广应用服务体系研究 [D]. 武汉：华中

师范大学，2013.

[26] 郭课. TRIZ 理论在数控装调实训台设计中的应用 [J]. 西南师范大学学报（自然科学版），2020，45（12）：72−77.

[27] 戚祝晖，葛云，郑一江，等. 基于 TRIZ 理论的芦苇高立式沙障捆扎系统设计与试验 [J]. 机械设计与研究，2021，37（1）：183−189.

[28] 苏建宁，魏晋. 基于 AHP/QFD/TRIZ 的玫瑰花蕾采摘机设计 [J]. 机械设计，2020，37（8）：121−126.

[29] 王军，孙帅. 基于可拓创新法和 TRIZ 理论的营地手推车折叠机构设计 [J]. 图学学报，2021，42（5）：866−872.

[30] 王耀文，叶进，曾百功，等. 基于 TRIZ 理论的烟田小型深耕机研制 [J]. 西南大学学报（自然科学版），2014，36（4）：198−204.

[31] 廖宇生. 基于 TRIZ 理论的产品理想化设计创新过程与方法研究 [D]. 长沙：湖南大学，2007.

[32] 王崇军. TRIZ 中的技术系统 S−曲线进化法则与产品的生命周期 [J]. 中国高新技术企业，2013（2）：151−155.

[33] 张敏，徐江华，杨明朗. TRIZ 中的理想化对产品的创新设计研究 [J]. 包装工程，2006（3）：162−164.

[34] 祝凤金. TRIZ 技术系统进化法则在专利布局中的应用研究 [J]. 科技管理研究，2010，30（19）：148−151.

[35] 吴学彦. TRIZ 技术进化理论在产业技术进步中的应用研究 [J]. 河南科技，2012（12）：26−27.

[36] 贾媛，刘晓敏，陈钰婷. 基于 TRIZ 和仿生技术的产品创新集成模型及其应用 [J]. 工程设计学报，2014，21（6）：522−528，544.

[37] 黄庆，周贤永，杨智懿. TRIZ 技术进化理论及其应用研究述评与展望 [J]. 科学学与科学技术管理，2009，30（4）：58−65.

[38] 刘慧敏. 基于 TRIZ 发明原理的重大工程冲突管理创新与应用初探 [J]. 科技管理研究，2014，34（22）：1−5.

[39] 周长青，彭伟. TRIZ 理论物—场模型的演化及其应用 [J]. 轻工机械，2010，28（2）：89−92.

[40] 单海峰，席涛. 基于 TRIZ 物场分析理论的共享单车平台优化设计 [J]. 工业设计，2018（3）：106−108.

[41] 赵鹏睿，崔彦彬. TRIZ 理论技术冲突解决原理在汽车造型设计中的应用 [J]. 科技经济市场，2012（5）：5−6，9.

[42] 董鹏举，刘洋，张春林. 物理冲突的解决原理在注塑机设计中的应用 [J]. 广东科技，2015，24（12）：32−33.

[43] 李丹，张斌. 基于科学效应库的 TRIZ 理论远程专家咨询系统 [J]. 智能计算机与应用，2011，1（5）：61−63.

[44] 檀润华，王庆禹，苑彩云，等. 发明问题解决理论：TRIZ——TRIZ 过程、工具及发展趋势 [J]. 机械设计，2001（7）：7−12，53.

[45] 葛慧莉. TRIZ 理论在科技创新中的应用 [J]. 科技创新导报，2010（2）：167−169.

第二章　TRIZ 应用于管理创新的研究现状

"创新"一词，一般认为源于 1912 年经济学家约瑟夫·熊彼得所撰写的《经济发展理论》一书。此后，创新理念逐渐深入各行各业。当今社会经济飞速发展，竞争越来越大，创新是企业发展的核心驱动力。只有通过持续创新，企业才能站稳脚跟，不被淘汰。创新不仅包含技术创新，还包括管理创新。管理创新的核心是在原来的系统中引入一种新的概念，实质是组织革新的一种特定表现形式[1]。管理创新起初大多停留在制度、模式和形式上，随着经济的发展，国内外的研究者开始尝试将 TRIZ 应用于管理创新领域，并取得了一些应用成果[2-4]。

本章主要从 TRIZ 应用于管理创新的概况、国内外研究现状与应用的可行性和基本思路三个方面进行了综述。

第一节　管理创新概况

1989 年，Stata 首次指出制约当代企业发展的主要因素是管理创新问题，但是他只区分了管理创新与流程创新、产品创新，并没有明确定义管理创新这个概念[5]。随后，Benghozi 提出企业问题既包括经济问题和技术问题，又包括内部发展费用、协作流程的控制、个人管理等管理方面的问题，进而对管理创新、市场创新与技术创新进行了区分[6]。

后来，国内一些研究者从不同角度对管理创新进行了阐述。李必强从管理思想、管理理论、管理组织、管理制度、管理手段、管理方法和管理模式等七个方面对管理创新的概念进行了归纳[7]。路超等指出管理创新包括以下 5 种情况：①提出一种新的经营思路并加以有效实施；②创设一个新的组织机构并使之有效运转；③设计一个新的管理模式；④提出一个新的管理方式方法；⑤进行一项制度的创新[8]。张成考对新世纪企业管理创新的趋势进行了预测，提出了经营战略全球化、生产模式柔性化等十大发展趋势[9]。梁镇等提出了全员性管理创新和"四全管理创新"理念[10]。王续琨等提出了管理创新的思维特征包括创新思维的问题警觉性、思域开阔性、成果独特性和随机递进性，同时提出了管理创新的四种思维方法：发散思维方法、系统思维方法、逆向思维方法、侧向思维方法[11]。卞华等从管理创新的特性出发提出了管理创新必须具备否定性、自变性、独立性和超越性[12]。

由于 TRIZ 广泛应用于技术领域，成绩显著，国外研究者已经将 TRIZ 的关注焦点从技术领域转为非技术领域，而国内学者对 TRIZ 应用于管理创新的研究也逐渐增多，接下来将对国内外研究现状进行综述。

第二节　TRIZ 在管理创新领域的国内外研究现状

近年来，TRIZ 在商业、社会、质量管理、教育、服务运营管理、金融、营销、食品技术、建筑学、微电子、化工、软件开发、制药等领域的应用越来越多。不少研究者对 TRIZ 在不同领域的应用进行了解释和说明。Kim 等在对540 个商业案例进行聚类分析的基础上，筛选出具有典型意义的管理冲突变量和对应的创新原理，初步构造了商业情境下的 TRIZ 冲突矩阵[13]。Odair 等在总结前人经验的基础上，根据 TRIZ 中的 39 个技术参数和 40 条发明原理，总结归纳了物流管理体系中的 31 个技术参数和 40 条发明原理[14]。Hipple 提出了如何通过分离原理解决创新实践的冲突问题[15]。Moehrle 等利用 TRIZ 原理解决企业的战略性决策问题[16]。韦德拿斯等讨论了精益产品开发与 TRIZ 的结合，给出了在精益开发的 LAMDA（Look，Ask，Model，Discuss，Act）循环过程中各阶段使用的 TRIZ 工具包[17]。

近年来，我国不少研究者逐渐将 TRIZ 引入管理领域，从单一的定性解释，扩展到多个领域的实践研究。陈巧清等依据 TRIZ 矛盾矩阵总结出 29 个旅游服务业特性，基于这些特征，张炜达提炼出 13 个旅游服务业属性，创造出旅游服务业冲突矩阵以及服务冲突解决矩阵[18]。王君华等针对企业中存在的技术系统缺乏系统性的问题，提出了企业协同创新的四大主题要素和六大关键点[19]。罗建强等利用 TRIZ 的工具和方法，根据传统制造业转型升级的困难处境，提出在国际化分工背景下，制造业升级转型的思路和可行性[20]。丁志慧等通过物—场模型解析用户创新源的模型类型，提出了企业纳入用户创新源参与新产品开发的流程和对策[21]。唐智慧等将 TRIZ 中的冲突理论应用于知识管理，构建了 TRIZ 与知识管理的整合系统[22]。张东生等长期致力于 TRIZ 在管理创新领域的理论和应用研究，提出了基于冲突解决原理解决管理冲突的理论，并通过 TRIZ 构建管理冲突集和环境因素集，为管理创新提供了新的思路[2,23-24]。

此外，TRIZ 在非工程领域[25]和软件项目管理[26]中也有探索性应用。文竹和文宗川等对 TRIZ 的物—场分析在管理创新领域作了系统研究[27]，并将物—场分析应用于城市创新性投入[28]、小微企业管理改进和创新[29]、大学课题创新方法[30]和党员领导干部的有效用权[31]的研究中。谌亮等将 TRIZ 应用于烟草的精益物流管理，构建了集成 TRIZ 的精益物流管理模式的四层结构模型，显著提高了精益改善效率[32]。吴红蕾等将 TRIZ 与精益管理相结合，改善了质检模型，优化了内部结构，加快企业转型升级[33]。郭雅瑢利用 TRIZ 理论，通过管理思路、管理方法和管理框架三个方向构建了可行的企业管理模式，提高了企业管理效率[34]。

第三节　TRIZ 在管理创新领域应用的可行性和基本思路

世界著名的 TRIZ 专家、欧洲 TRIZ 协会会长达雷尔·曼恩（Darrell Mann）认为："TRIZ 架构出一个强大的系统定义和解决组织管理、商业和与人有关的问题体系。大多数 TRIZ 工具、模型可以直接或略微改动后运用到非技术领域，同其余管理问题定义和解决方法一道。TRIZ 提出了独到的系统化创新方法。"兹洛廷（Zlotin）等也认为，TRIZ 中的大部分有关进化系统的知识可以应用于非技术领域，最终会产生一个通用的进化模式的定义。

一、可行性

技术系统与管理系统有所不同，前者主要是物的系统，在现代设计理念中更强调人与物的结合；而后者更多的是人与物组成的系统，其中因为有了人的参与，使系统变得更为复杂。但是，从 TRIZ 主要是解决冲突的原理来看，两者是有共性的，它们可以建立相似的思路、步骤和方法。技术的创新主要依据的是自然科学的原理，而管理创新则主要是依据管理科学的原理。

二、基本思路

（一）辨别管理系统的基本特征

技术系统与管理系统有所不同，因此，将 TRIZ 应用于管理创新必须结合管理系统的特征进行改造。管理系统可分为两类[35]：第一类系统为直接对象不包括人的系统，如炼油装置系统等；第二类系统为直接对象包括人的系统，如企业、学校、医院等。

管理系统与技术系统的区别主要表现在以下两个方面，解决这两个方面的问题也是解决管理创新应用的难点。

一是上文中的第二类系统（管理创新研究主要针对这类系统），由于加入了人的因素，系统具有更大的复杂性和不确定性。这种复杂性与不确定性使得化解冲突的解（即使假设创新活动已被完美地实施）与管理所要达到的目标或绩效（相当于产品的功能）之间很难达到准确的对应关系。

二是任何一个管理对象系统都处于一个特定的环境之中，严格地讲，没有哪两个或两个以上的系统处于完全相同的环境之中。因此，当环境参数被引入管理创新系统时，将与管理对象系统中的冲突参数交织在一起，从而增加了解（创新方案）的数量。这个多解现象，可能比技术系统更明显。

（二）针对管理系统特征的对策

为了解决环境参数增加了管理创新解的复杂化问题，可以采取下面两种方法：一是对复杂的环境因素进行归类，尽可能减少类别（环境状态参数）的数量；二是把"企业置于环境中研究企业内部管理问题"与"解决企业与外部环境的协调问题"进行区分。

第一种方法相当于把企业外部环境因素作为系统的外生变量，解决的主要是企业的内部管理（激励机制）问题。而第二种方法相当于把企业外部环境因素作为企业的内生变量，主要针对的是企业的外部环境。

参考文献

[1] HARGRAVE T J, VAN DE VEN A H. A collective action model of institutional innovation [J]. Academy of management review, 2006, 31 (4)：864-888.

［2］ 张东生，王文福，孙建广. 管理视域下 TRIZ 理论研究趋势探析 ［J］. 当代经济管理，2020，42（1）：14－21.

［3］ 张东生，徐曼，袁媛. 基于 TRIZ 的管理创新方法研究 ［J］. 科学学研究，2005，23（增刊）：264－269.

［4］ 邵云飞，王思梦，詹坤. TRIZ 理论集成与应用研究综述 ［J］. 电子科技大学学报（社科版），2019，21（4）：30－39.

［5］ STATA R. Organizational learning－the key to management innovation ［J］. MIT sloan management review，1989，30（3）：63.

［6］ BENGHOZI P J. Managing innovation：from ad hoc to routine in French Telecom ［J］. Organization studies，1990，11（4）：531－554.

［7］ 李必强. 论管理创新和管理集成创新 ［J］. 中国地质大学学报（社会科学版），2003（5）：6－9.

［8］ 路超，万玉山，赵友宝. 论管理创新及其方向 ［J］. 商业研究，2000（3）：30－32.

［9］ 张成考. 21 世纪企业管理创新十大趋势 ［J］. 商讯商业经济文荟，2003（3）：22－25.

［10］ 梁镇，赵国杰. 企业管理创新 ［M］. 北京：中国经济出版社，1996.

［11］ 王续琨，程现昆. 管理创新的思维特征和思维方法 ［J］. 大连理工大学学报（社会科学版），2000（4）：14－18.

［12］ 卞华，李卫宁. 管理创新思维的基本特征探析 ［J］. 湖南社会科学，2002（5）：89－90.

［13］ KIM J，PARK Y. Systematic clustering of business problems ［J］. The TRIZ journal，2008，12.

［14］ ODAIR F. The logistic innovation on approach and the theory of problem solving ［J］. The TRIZ journal，2006，1.

［15］ HIPPLE J. The use of TRIZ separation principles to resolve the contradictions of innovation practices in organizations ［J］. The TRIZ journal，1999，4.

［16］ MOEHRLE M G，LESSING H. Profiling technological competencies of companies：a case study based on the theory of inventive problem solving ［J］. Creativity and innovation management，2004，13（4）：231－239.

［17］ 韦德拿斯，顿波. 简约 TRIZ：面向工程师的发明问题解决原理 ［M］. 谭润华，曹国忠，江屏，等译. 北京：机械工业出版社，2010.

[18] 张炜达. 基于 TRIZ 理论的餐饮服务业创新 [J]. 企业经济，2014 (7)：114-118.

[19] 王君华，刘国新. 面向 TRIZ 的企业内部协同创新体系构建思路 [J]. 科学学研究，2015，33 (6)：943-950.

[20] 罗建强，赵艳萍，彭永涛. 基于 TRIZ 的制造企业服务衍生研究 [J]. 管理评论，2016，28 (5)：35-46.

[21] 丁志慧，刘伟，艾庆庆. 基于 TRIZ 的用户参与企业新产品开发方法研究 [J]. 科技管理研究，2018，38 (5)：7-13.

[22] 唐智慧，左廷亮，赵立力. 基于知识管理与 TRIZ 方法的企业创新力挖掘 [J]. 科技管理研究，2009，29 (9)：411-413.

[23] 张辉. 基于 TRIZ 的新产品创新冲突矩阵的构建 [D]. 天津：河北工业大学，2012.

[24] 张东生，张亚强. 基于 TRIZ 的管理创新方法 [M]. 北京：机械工业出版社，2015.

[25] 阿孜古丽·吾拉木，胡文珍，杨炳儒. 非工程领域中的 TRIZ [J]. 计算机工程与应用，2004 (26)：98-100.

[26] 雷大力. TRIZ 创新理论引入软件项目管理研究 [J]. 科技管理研究，2006 (2)：107-109.

[27] 文竹，文宗川，张永正. 基于 TRIZ 物场分析的管理创新方法 [J]. 大连理工大学学报（社会科学版），2012，33 (4)：12-16.

[28] 文宗川，张树山. 基于物场分析的城市创新投入研究 [J]. 商业经济研究，2017 (5)：123-125.

[29] 文竹，文宗川，长青. 基于物场分析与 IFR 的小微企业管理改进与创新方法研究 [J]. 科技进步与对策，2013，30 (3)：82-84.

[30] 文竹，文宗川. 基于 TRIZ 物场分析的大学课堂创新方法研究 [J]. 金融理论与教学，2014 (2)：67-69.

[31] 文宗川，王利明，刘炯. 基于 TRIZ 物场分析法的党员领导干部有效用权研究 [J]. 内蒙古工业大学学报（社会科学版），2016，25 (2)：31-34.

[32] 谌亮，桂寿平. 集成 TRIZ 的精益物流管理模式在烟草商业系统应用研究 [J]. 中国烟草学报，2018，24 (1)：86-92.

[33] 吴红蕾，赵旭，沈圣喆. 基于 TRIZ 和精益管理的质检优化模型研究 [J]. 工业技术经济，2017，36 (4)：69-74.

［34］郭雅瑢. 基于 TRIZ 理论对企业管理模式的改革途径分析［J］. 吉林省
　　　教育学院学报，2018，34（7）：163－165.

［35］马庆国. 中国管理科学研究面临的几个关键问题［J］. 管理世界，2002
　　　（8）：105－115，140.

第三章　系统进化理论及应用

进化泛指由无序到有序，由中低等到高等发展的趋势或过程。从各类基本粒子逐渐形成原子、分子，从各类无机物逐渐合成有机物，从各类微生物逐渐演变成鱼类、爬行类、人等，都是进化。说到底，进化就是演化、演进，或者叫作发展。

技术系统是功能的载体，实现预设功能是构建技术系统的目的。技术系统是不断发展演进的，以适应复杂的外部环境，克服自身的矛盾与不足，更好地实现系统预设功能。我们把技术系统的这种发展演变叫作技术系统进化。

阿奇舒勒发现，任何专业领域产品的不断改进，技术的不断变革、创新和生物系统一样，都存在一个产生、生长、成熟、衰老、灭亡的过程，都具有一定规律而且是可循的。阿奇舒勒通过对世界各大专利数据库的综合分析，发现并初步确认了工程技术在结构上不断进化的两大趋势，即结构进化发展模式与产品进化发展路线，而且还发现结构进化发展模式与产品进化发展路线之间具有一定的可传递性。本章主要从系统进化的基本理论、S曲线法则、八大基本进化法则、系统进化法则作用四个方面简要介绍系统进化理论。

第一节　系统进化基本理论

受进化论的启发，阿奇舒勒指出：技术系统的进化不是随机的，而是必须遵循一定的客观规律，同各种自然选择进化类似，技术系统也同样面临着自然选择、优胜劣汰。

技术系统变异的形式与生物的变异有所不同。技术系统的变异主要体现在技术种类的分化和跃迁等方面，通过变异的不断传递，新的技术就会产生，落后或陈旧的技术就会被淘汰。阿奇舒勒经过长期深入研究，认为现代技术生产系统的进化过程并非完全随机的，而是始终遵循着一定的客观进化模式，所以每个目标都应向着"最终理想化"这个方向不断进化。如同生物进化论追求完美的新物种一样，技术系统的进化归根结底就是要提高理想度。

技术系统会随着环境和自身的改变而发生进化。阿奇舒勒认为，技术系统的进化具有以下特点：

（1）技术系统的进化并非随机的，而是遵循着一定的客观进化模式；

（2）所有系统都是向"最终理想化"进化的；

（3）系统进化的模式可以在过去的发明专利中发现，并可以应用到新系统的开发；

一、系统进化法则体系

虽然阿奇舒勒提出了基于经典 TRIZ 的 8 个系统进化法则体系，并将其分为三组，但是总体上仍然缺乏体系结构。后来，经过他的学生及其他专家的不断完善，结合技术系统的 S 曲线法则，形成经典的 TRIZ 系统进化法则体系，如图 3－1 所示。

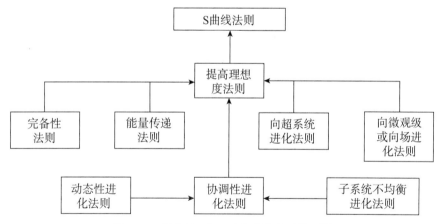

图 3－1　经典的 TRIZ 系统进化法则体系[1]

二、S 曲线法则

阿奇舒勒发现技术系统的进化规律可以用一条 S 曲线表示。一个工业产品的整体生命周期发展可划分为 4 个主要生命时期，即婴儿期、成长期、成熟期直至衰退期，每个阶段都会呈现不同的特点。

三、系统的八大进化法则

（一）完备性法则

要正确实现某项重要功能，一个完整的技术或管理系统必须同时包含四个主要部件：系统动力装置、传输管理装置、执行管理装置和过程控制管理装置。完备性法则不仅有助于我们确定实现某项技术的基本方法，而且也能节约大量资源，还可对那些效率低下的技术系统进行基本简化。

（二）能量传递法则

技术系统要实现其功能，能量必须从能量源传递到所有技术能量系统元件。如果一个技术系统的子元件或其中的某个技术能量系统元件不能正常地接收能量，它就不能正常性地发挥作用。

（三）动态性进化法则

技术系统的进化发展过程就应该沿着系统结构的可平顺性、柔性、可移动性、可控性不断逐步增加的方向进化发展，以适应环境的不断变化。充分学习掌握动态性进化法则，有助于提高现代企业的适应性。

（四）提高理想度法则

任何一个技术系统，在整个生命周期内，是沿着增加其理想化水平的方向前进。因此，提高系统理想化程度始终是推动技术系统功能持续不断进化的动力。

（五）子系统不均衡进化法则

虽然技术系统作为一个整体在不断改进，但子系统的进化不是完全同步和均衡的。这种不均衡的系统同步和进化甚至会直接导致各个子系统之间的矛盾不断出现。整个子系统的进化和发展速度主要取决于目前系统中发展最慢的一个子系统的进化和发展速度。

（六）向超系统进化法则

当一个新的技术系统所在的子系统的进化速度达到极限时，就会向着一个超系统的子系统方向进化。通过这种进化，原系统将升到一种更高水平。

（七）向微观级及增加场应用进化法则

技术系统的发展往往也会沿着减小初始原件尺寸的方向不断进化。元件从最初尺寸向着减小最大尺寸的方向不断进化，同时该元件还能够实现相同的物理功能。

（八）协调性进化法则

技术系统主要沿着各子系统相互之间更协调的方向进行发展，即系统的各个组成部件在保持相互协调的前提下，充分发挥各自的功能。

第二节　S曲线法则

系统进化法则是用于解决企业发明技术问题的重要指导原则，掌握好这些法则，可以有效提高企业解决发明问题的效率。同时，系统进化法则也能广泛应用于其他技术方面。系统进化法则，特别是S曲线法则对一个大型企业的持续发展及战略决策的制定具有重要的意义。

一、产品或技术系统的S曲线法则

在产品进化发展曲线中，阿奇舒勒将整个发展过程划分为4个主要时期（如图3-2所示）：婴儿期、成长期、成熟期和衰退期。在产品处于婴儿期时，为了使自己的技术能够占有一席之地，需要申报专利来加以保护；成长期则需要加大研发投入，做大做强产品，不断扩大市场空间；而当产品进入了成熟期时就要未雨绸缪，提前研发新技术来代替过时的技术，以便在进入衰退期时能够取而代之。这样看来，无论是生物进化还是技术进化，其实都会面临一个自然选择的过程，也就是都有一个优胜劣汰的问题，只不过生物面临的环境是自然界，而技术面临的环境是市场。

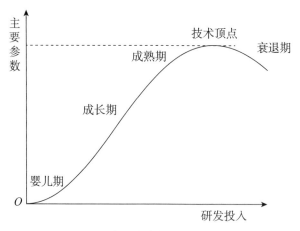

图 3-2 产品或技术系统的 S 曲线

二、企业的 S 曲线法则

根据 S 曲线法则，自然界中的任何事物都要经历从萌芽期、成长期、成熟期到衰退期的整个过程，企业也是如此。企业的整个生命周期可以用一条 S 曲线来呈现，这条曲线可以完整地描述企业完整的生命周期（如图 3-3 所示）。一个企业的生命周期经历 4 个阶段：萌芽期、成长期、成熟期和衰退期，每个阶段都会呈现不同的特点，企业应根据每个阶段的特点进行企业战略的制定与选择[2]。

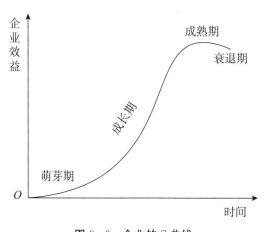

图 3-3 企业的 S 曲线

萌芽期是企业的建设时期，这一时期企业需要投入大量的人力、物力、财力进行建设，产出很少甚至基本没有，这一时期的建设会对企业的未来发展产生较为深远的影响。随着建设的逐渐完成，企业开始投入生产，但这一时期企业的实力较弱，产品还未得到市场的承认，且成本较高，企业形象尚未形成。这一阶段的企业创新精神较强，是企业比较有活力的阶段。这一时期处于 S 曲线的第一个阶段。在这一阶段，企业从无到有，产品的创新成果也从无到有，逐渐增多，企业的经济收益从一开始的净投入，到后来慢慢实现盈利。

企业处于萌芽期时，需要大量的资金投入，这种投入就面临很大的风险。风险主要来源于两个方面：一方面是技术风险，即技术无法进步、企业无法克服技术瓶颈、技术无法实际应用于生产等；另一方面是市场需求，即企业在这一时期生产出来的产品与市场需求无法对接。

企业成长期是企业发展最迅速的时期。在这一时期，企业实力增强，主导产品已经逐渐形成气候，利润丰厚使得生产规模扩大，创造力增强，发明创造投入使用加快，企业的专业化水平提高，企业之间的协作加强，企业管理也逐渐走向成熟，企业经营向多元化、协作化发展。但是，这一时期企业要面对市场饱和引发的企业之间激烈的竞争。成长期的产品市场潜力巨大，是企业盈利的最佳阶段，也是产品创新最活跃的时期。

成长期企业的主要任务是强化新技术、新产品，对产品进行新一轮的资金投入，提高生产力，扩大市场份额，使产品不断复杂化和精密化。值得注意的是，企业在进行产品创新的同时，不能忽视产品的质量，产品的质量是产品在市场站稳脚跟所必须狠下功夫的。如果仅仅一味地进行产品创新，忽视生产工艺上的精进，产品会因为质量或性能等问题被市场淘汰，那么再多的创新也是不被市场接受的，不能获得实际收益。

企业处于成熟期时，企业的发展速度会逐渐变缓。由于产品已经成熟，企业效益已达到最好，形成了自己的品牌产品，确立了企业形象，但由于这一时期企业的增长平缓，以求稳为主，加上市场饱和，企业的生存危机开始出现，企业的创新精神和活力开始减退。

企业成熟期是企业的产品在全行业占有大量份额的时期，企业很难在这种情况下继续扩大市场份额。成熟期的企业需要在这一时期努力保持已有的市场占有率，不要被竞争对手抢占了市场份额。与此同时，努力寻找新的增长点和突破口，想办法将成熟期的阶段延长。

企业处于衰退期时，企业拥有的产品被市场上的竞争产品或者替代产品抢占了大量的市场份额，生产成本变高，生产技术缺乏创新，产品功能得不到完善，导致企业盈利水平下降，企业经营出现困难。

在衰退阶段，最重要的是保持企业的可持续创新的能力，提高企业的核心竞争力。当企业具备了永续创新能力时，即便产品市场逐渐萎缩，也仍然会在激烈的市场竞争中占有优势。只有不断地持续创新，才能获得相对于竞争对手的比较优势。因此，企业持续创新能力的提高，是企业实现可持续发展的重要保障。

一个成功的企业应该具有一个完整的战略系统，一个成功的大型企业经营战略计划能够将一个企业带入一个持续快速发展的关键时期，顺利完成一次 S 曲线的进化过程。当企业战略计划进入成熟期以后，后续将会面临一个发展的衰退期，所以成功的企业首先面临的问题是进行下一阶段企业战略计划的制定。很多企业往往无法做到跨越 20 年左右时间的持续快速发展，正是由于在一个战略 S 曲线的 4 个发展阶段中，没有及时制定下一阶段的战略计划，没有及时完成 S 曲线的顺利交替，以致企业被淘汰或者出局，退出了历史舞台。

第三节　技术系统八大基本进化法则

技术系统的八大基本进化法则主要是指在 TRIZ 中作为解决系统发明技术问题的重要指导原则。掌握好技术系统八大基本进化法则，可以有效地提高解决发明问题的效率。TRIZ 的技术系统八大基本进化法则分别是：①完备性法则；②能量传递法则；③动态性进化法则；④提高理想度法则；⑤子系统不均衡进化法则；⑥向超系统进化法则；⑦向微观及增加场应用进化法则；⑧协调性进化法则。八大基本进化法则可以广泛应用于分析研究市场需求、定性企业技术趋势、产生新一代技术、布局专利市场和选择适合企业发展战略计划制定的最佳时机等。它们可以广泛用于帮助解决技术难题，预测企业技术进化路线，是一种帮助企业创造性解决问题的有力工具。

一、完备性法则

（一）内涵

系统部件是为实现某一基本功能或为达到某一特定目标而构成的相互密切关联的一个功能集合体或组成装置。为了实现系统的基本功能，系统必须具备最基本的功能要素，各功能要素之间又必须存在一种不可割裂的相互联系，而一个系统必须具有某个单独要素不可能具备的基本系统功能特性。

在新的技术工程领域，系统工程设计的产品或技术工艺，都必须是为了能够实现某种特定的技术功能，也就是说，一个系统本身是为了实现特定功能而自行建立的。为了能够实现某种特定功能，系统必须具备最基本的几个要素，各要素之间应存在必要的相互联系。只有当新的技术系统的每个部分均能够达到最低成本的工作管理能力，且能使系统的最低成本工作管理能力得到充分保障时，该新技术系统才会具有新的生命力。

在理解完备性法则前，有必要对"产品"和"工具"的概念有所了解。产品和工具并非现实意义中的意思，在 TRIZ 中有特定的含义。产品是指系统加工的产物，即作用对象；工具是指系统固有的直接作用于产品的部分，即执行装置。因此，通常可以把产品理解为作用对象，把工具理解为作用于对象的部分。例如对于飞机来说，产品是气，工具是机翼；对于缝纫机来说，产品是被缝制的衣料，工具是线；对于电风扇来说，产品是空气，工具是风扇叶片；对于笔来说，产品是纸，工具是笔尖；对于打印机来说，产品是打印纸，工具是硒鼓。产品与工具的定义是否清楚和准确直接决定和影响着完备性法则的使用。

（二）意义

完备性法则在现代 TRIZ 中的作用和地位有所下降，究其原因是在 TRIZ 初创时，技术系统远没有现在复杂[3]。由于在经典 TRIZ 所处的时代，技术系统的能量源通常由人力、机械力等低层次的能源系统提供，而现行的技术系统多以电磁等高层次能源系统提供，使得在分析或解决技术问题时对完备性法则的需求没有那么大。从经典 TRIZ 到现代 TRIZ，完备性法则还在发挥其应有的作用，主要表现在以下几个方面[4]：

完备性法则有助于我们准确地分析判断一个现有技术系统各个组件中的集合系统是否完全构成完整的系统。如不完整，考虑引入或利用系统已有组件完成缺失功能；如完整，考虑减少系统组件，使部分组件执行其他组件的功能，从而提升系统的稳定性，降低系统的运行成本，提高技术系统的效率。如果在技术系统中由人来完成的组件较多，考虑引入组件替代人，减少人工介入的程度。

完备性法则有助于我们较为清楚地判断各个装置（组件）的运行状态，判断是否需要进行裁剪。如果系统中有运行不稳定的装置（组件），可以考虑使用新的组件替代现有组件或使用其他组件完成问题组件的功能，提升系统的稳定性。

完备性法则能够为流分析奠定基础。对系统完备性法则的分析，可以明晰系统中能量流、物质流、信息流的传递路径，揭示系统中流的取向，为后续打好基础。

（三）系统完备性组件的构成

一个完整的产品系统组件应该包括内部动力装置、传动装置、执行驱动装置和过程控制驱动装置四大系统基本要素。这些都是一个系统普遍存在的最低配置，缺一不可。它们的主要目标是使所有产品能够同时达到最理想的基本功能与使用状态。下面将以高速电风扇为例分析系统完备性组件。

动力装置是从各种主要能量源之中自动获取各种主要能量，并将这些能量自动转换成电能作为整个控制系统所需的能量动力装置。对于一台高速电风扇，由于风扇电动机将所有电能自动转化成机械能作为整台风扇驱动的能量，电动机则作为整台风扇系统的主要能量动力装置。

传动装置是将机械能输送到执行传动装置的输送装置。传动风扇通过一个电动机风扇获得一个机械能后，如何将机械能快速传递到执行传动装置呢？风扇传动轴将通过电动机风扇输出的机械能快速传递给传动扇叶，扇叶轴作用于输送空气，使之快速沿传动方向流动。

执行装置是直接作用于产品的装置，例如调控制系统中的恒温控制器。

控制装置是用于协调和自动控制指挥系统其他控制要素的驱动装置。例如电风扇的工作运转靠什么进行控制呢？自动开关可以控制电能的输出与中断，控制着电风扇的启动与停止。相对应的在技术系统中，应当由执行装置、传动装置、动力装置、能量源、控制装置和产品组成，完成上述功能的装置间的逻辑关系，如图 3-4 所示。

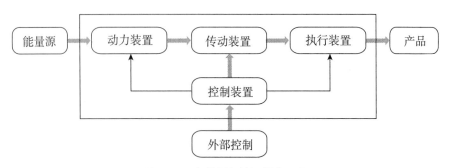

图 3-4　各装置间的逻辑关系图

在风扇案例中，系统进化的路线是非常明确的，按照执行装置、传动装置、动力装置、控制装置的方向进化。在蒲扇时期只有执行装置，其他全部由超系统提供资源完成；在手摇风扇时期，系统有执行装置和传动装置，其他由超系统提供；在电风扇时期，执行装置、传动装置、动力装置都由系统自身完成，控制由超系统完成；在现有的电风扇时期，四个核心要素都要系统自身完成，电风扇通常都具有定时开关等控制装置。

从上述分析结果可以明显看出，系统功能进化的最终结果是由整个系统自身直接完成所有系统功能，减少人工的直接介入，最终不会再需要任何人，由此也引出了一种减少系统人工直接介入的进化法则。

（四）应用

企业萌芽阶段是新技术、新产品的导入阶段。此时，尽管研制开发费用较多，产品的单位成本较高，但企业创新活动十分旺盛，能给企业注入新的市场活力，市场竞争也较小，企业应该抓住这个阶段的创新活力，为产品注入更多创新性的功能。

完备性法则要求企业在各系统中都是功能完善、运作正常的，企业在萌芽阶段的所有建设对企业的未来都有至关重要的作用。这一时期不仅在产品方面要做好技术创新，还要加强企业的管理建设，使企业的各部门的相互配合和协同作业的能力得到提升，这样，一个有活力的系统才能帮助企业更快地渡过萌芽期。在产品开发策略上，企业可以从以下几个方面对产品进行创新：

（1）以市场为导向进行产品创新；

（2）充分利用目前世界先进的新技术设备进行相关产品技术创新；

（3）找准产品发展趋势，根据畅销产品所具备的条件进行创新。

二、能量传递法则

（一）内涵与意义

技术系统能够实现所有基本功能的必要条件之一是，能量能够从具有能量的本源流向技术系统的所有能量元件。如果技术系统的某个能量元件内部接收不到这些能量，它就不能正常产生效用，那么整个技术系统就无法实现所需功能。

技术系统的不断进化是沿着使能量系统流动损失路径不断缩短的方向不断发展的，以利于减少能量损失。因此，在每一个特定阶段，能量传导法则都可以用于技术系统发展的预测，并为研发人员提高新技术系统功率提供思路。

（二）进化路径

技术系统能量传递法则包含以下三个进化路径。

1. 提高系统各部分的传导率

能量从技术系统的一部分向另一部分的传递，需要借助一定的场媒介来实现。其中，场媒介的可控程度越高，能量传递的效率越高。一般而言，场中的媒介按其可控制的程度从小到大依次可分为机械场、声场、热场、化学场、电场、磁场和电磁场。如果一个系统的元件本身可以进行更换，那么可以将较为不易控制的场更换为容易控制的场。

2. 减少能量转换的形式

根据能量守恒定律，能量既不会凭空产生又不会凭空消失，它只会从一种形式转化成为另一种形式，能量的总和始终保持不变。在非理想条件下，每一次能量转化总是伴随一部分能量以其他形式流失。因此，技术系统的理想状态就是仅利用一种能量（或场）实现整个工作过程。

3. 缩短系统各部分间的能量传递路径

能量在传递过程中，涉及的组件越多，则组件运行及相互联系过程中消耗的能量就越多。此外，能量传递的时间越长，额外消耗的能量也就越多。因此，技术系统需要不断精简结构，缩短能量传递路径。

（三）相关案例：火车的进化

火车的进化就是朝着能量流动路径缩短，能量转换次数减少的方向进行。蒸汽火车的能量流动由化学能转化为热能，然后转化为压力能，最后转化为机械能，蒸汽火车的能量利用率为 5%～15%。发展到柴油机火车后，能量先从化学能转化为压力能，最后转化为机械能，内燃机车能量利用率为 30%～50%。发展到电力机车时，能量从电能转化为机械能，能量利用率为 65%～85%。

最早的蒸汽机车（如图 3-5 所示）依靠燃料的燃烧产生热量，利用这些热量加热锅炉从而产生大量水蒸气，对活塞产生压力，最终推动机车引擎做功。可见，蒸汽机车的能量是沿着"化学能—热能—机械能—机械能"的路径传递的。这种火车能量传递的效率在 5%～15% 之间。

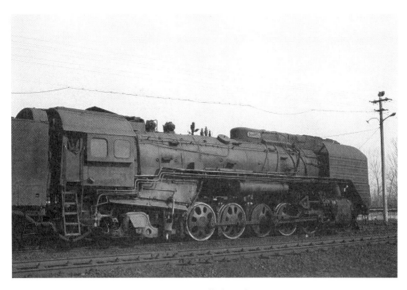

图 3-5　蒸汽机车

随后出现的内燃机车（如图 3-6 所示），直接通过燃烧放热使空气迅速膨胀的方式，对活塞产生压力从而推动机车引擎做功。这样，机车的能量传递路径缩减为"化学能—机械能—机械能"，使其能量传递效率提高了30％～50％。

图 3-6　内燃机车

目前最先进的电力机车（如图 3—7 所示），则通过电能和电机的使用进一步缩短了机车的能量传递路径。此时，能量沿"电能—机械能"的路径进行传递，能量传递效率高达 65％～85％。

图 3—7　电力机车

三、动态性进化法则

（一）内涵与意义

动态性进化法则即提高动态性和可控性法则。技术系统的动态性进化通过部件的引入或退出增加技术部件间灵活性和机动性，以此增加系统的可控性。该法则呈现了系统动态与可控发展的多条路线，能提高系统对外部及内部条件变化的适应能力。

根据动态性进化法则，研发技术人员应时刻关注技术系统所处产业环境的技术现状及发展趋势，并以此对原有技术系统的功能进行不断改进，从而减少前期投入的技术成本，获得具有通用性、高度适应性和可控性的创新技术系统。

（二）进化路径

动态性法则包含以下三个进化路径：一是增加系统柔性法则；二是增加系统可移动性法则；三是增加系统可控性的进化路径。

1. 增加系统柔性法则

技术系统沿着整体结构柔性增强的方向进化，即原有技术系统的刚性降低，变得易于弯曲、折叠。其进化路径如图3-8所示。

图3-8 增加结构柔性的进化路径

其中，"刚体系统"表示技术系统的整体、各子系统、子系统间的联系都是刚体，不能发生任何形态上的变化；"单铰链系统"表示技术系统可以在某一固定点处发生弯折，其余部分仍为刚体；"多铰链系统"表示技术系统可以在多个固定点处发生弯折，点与点之间的连接为刚体；"柔性系统"表示技术系统的刚体成分大为缩减，可以在任何位置发生弯折；"场连接系统"表示技术系统内部子系统间不通过有形的介质进行联系，而是通过无形的场来交换物质、能量、信息等要素。

2. 增加系统可移动性法则

技术系统沿着系统整体向可移动性增强的方向进化发展，即技术系统可动的部位不断增多，移动的范围不断扩大，速率也不断提高。其进化路径如图3-9所示。

图3-9 增加可移动性的进化路径

其中，"不可动系统"表示系统整体、各个子系统都是基本固定的，无法发生移动；"部分可动系统"表示技术系统的部分子系统可以在移动的过程中保证原有功能的实现；"高度可动系统"表示技术系统所包含的大多数子系统可以发生移动，但整体的可移动性依然较低；"整体可动系统"表示技术系统整体能够在一定范围内自由移动，其适应性得到显著提升。

3. 增加系统可控性的进化路径

技术管理系统的不断进化将沿着提高系统内各核心部件性能的可控性的方向不断发展，即技术系统依靠自身的控制能力逐渐提高，受超系统直接控制的依赖性逐渐降低。其进化路径如图3-10所示。

图3-10 增加可控性的进化路径

其中，"直接控制"是指技术系统的控制受人、自然等超系统的直接影响；"间接控制"是指超系统通过技术系统本身的控制装置间接对技术系统发出指令；"反馈控制"是指技术系统的控制装置可以感知外界环境的变化并对系统本身发出行动与否的指令；"自动控制"是指技术系统不仅可以做出行动与否的指令，还可以控制该行动的幅度，从而使行动结果更加符合新的环境。

（三）相关案例：空间出入口连接控制技术系统的进化

物体从一个房间到另一个房间，或是从房间内移动到房间外，都可视为一种空间转移活动。每次进行这样的空间转移活动，该物体都需要至少通过一次出入口。利用空间出入口连接控制技术系统，人们可以控制空间之间的连接和隔绝，从而有目的性地影响物体的移动。

早期人类居住于洞穴。这时的洞穴没有安装一般意义上的"门"，因此人们只能依靠自然环境和洞穴结构实现避雨防风，依靠洞口派人实时把守实现外敌防范。可见，此时的空间出入口连接控制技术系统完全依赖于超系统的直接控制。

随着社会的发展，人们的居住环境得以改善，木造建筑和石造建筑开始出现。至此，一般意义上的"门"也开始出现，样式也多种多样，如木门、铁门等。人们不必派专人把守出入口，可以通过开门或关门的动作来实现内外部空间的连接或隔绝。可见，此时的空间出入口连接控制技术系统仅受超系统的间接控制。

为防止他人随意进入特定房间，人们在"门"的基础上添加了控制装置——"锁"，自此，空间出入口连接控制技术系统可以通过感知输入的解锁信息，决定是否执行控制空间出入口，即"开门"或"锁门"的行为。随着科技的进步，"锁"这一控制装置也从普通的钥匙锁演变为现在密码锁、指纹锁、生物锁等。但是，不论如何演化，这样的技术系统都没有超出"反馈控制"的范畴。

随着空间出入口连接控制技术系统的不断进化，可以预测，未来这一系统可以根据四周环境的变化，实现光线调节、空气净化、温湿度控制、无人值守等更多功能。另外，这些功能并不靠人工控制实现，而是靠技术系统自身智能化、信息化的"自动控制"实现。空间出入口连接控制技术系统的进化路径如图 3-11 所示。

图 3-11 空间出入口连接控制技术系统的进化路径

四、提高理想度法则

（一）内涵与意义

现代技术生产系统的不断进化过程并非完全随机的，而是始终遵循着一定的客观系统进化模式，每个目标都向着"最终理想化"这个方向不断进化。如同生物进化论追求完美的新物种一样，技术系统的进化归根结底就是要提高理想度。

提高理想度法则主要包括以下四个方面的基本含义：①一个应用系统在努力实现一种功能的同时，必然会带来有用作用功能和有害作用功能；②系统理想度比值是其有用作用功能和有害作用功能的实际比值；③系统不断改进的一般发展方向比值是指在最大化系统理想化程度时的比值；④在努力建立和不断选择发明解法的同时，需要不断提升系统理想度水平。

提高理想度是技术系统发展的终极目标，能够为企业的技术创新指明方向。技术系统的其他七大进化法则都可视为在该法则基础上的延伸。

（二）进化路径

理想的系统只工作在需要的地方，在需要的时候做需要的事。此外，理想的系统不会浪费时间、物资、能源等资源。具体来说，可以通过以下 4 条路径提高理想度：

（1）增加系统的功能；

（2）传输尽可能多的功能到工作元件上；

（3）将一些系统中的功能全部移转到其他超系统或其他外部环境中；

（4）利用内部或外部已存在的可利用资源。

（三）提高理想度法则在企业成长期的应用

根据 TRIZ，产品在发展过程中不断减少的是不利的参数，增加的是有利的参数，使产品自身不断完善发展，因此，在产品成长阶段，要用尽各种方法完善企业产品及与产品相关的组织、流程，保证产品旺盛的生命力。

那么提高理想度法则在企业发展上的应用就是从企业本身，即从企业内部的各个部门到企业的外部环境，不断地剔除有害作用功能，完善有用作用功能。技术系统的理想度与有用作用功能之和成正比，与有害作用功能之和成反比，理想度越高，技术系统的性价比就越高。

首先，就企业本身而言，提高理想度就是要不断地克服自身的缺陷，如产能落后、创新能力较差、人员冗余等问题，从宏观的角度看待整个企业出现的问题。

其次，在一个企业内部，子系统就是企业的各个部门，每个部门都应各司其职，高效地完成工作，只有有效的配合才能使整个企业的运作顺利、效率提高。因此，完善子系统是非常必要的。审视每个部门出现的问题，化解矛盾，让企业的每个"零部件"都能有效地运转起来。

最后，企业的超系统就是企业所处的大环境，包括经济、政治、自然环境、法律政策等多个方面，企业无法改变大环境，就要去适应大环境。企业需要及时收集大环境的相关信息，快速做出应对，避免在发展过程中反应滞后而带来的不利影响。

五、子系统不均衡进化法则

（一）内涵与意义

虽然技术系统作为一个整体在不断改进，但子系统的改进是单独进行的，而且是不同步的。也就是说，任何一个技术系统极有可能存在多个向前进化的子系统，每个子系统都不是完全同步、均衡发展和可持续进化的，每个子系统都可能只沿着自己的进化曲线进化，并遵循相应的法则。

系统的不同子系统不均衡性进化可能导致不同子系统之间出现矛盾，整个系统的均衡进化的速度主要取决于子系统中进化最慢的一个子系统的进化速度，这就引导我们应着力解决系统进化的"短板"。

（二）子系统进化的 S 曲线与木桶理论

每一个技术系统都由许多子系统构成，这些子系统由于技术的成熟度、研发的投入程度等原因，各自的进化路线并不一致，如图 3-12 所示。

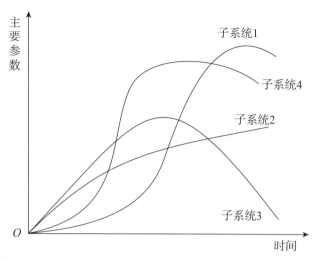

图 3-12　子系统进化的 S 曲线

　　根据 TRIZ，只有当各子系统相互协调时，系统整体才能发挥最大的功能。而不一致的进化路线使得各子系统的非均衡进化，进而导致性能参数参差不齐，影响了系统的协调性。此时，为使系统实现新的协调，参数较高的子系统在运行过程中只能根据参数最低子系统的运行水平发挥相应的功能。这样会使得大部分用于子系统处理功能的参数闲置，也使得整体处理功能受限于系统参数最低的一个子系统。正如"木桶理论"，即"一只水桶盛水的多少，并不取决于桶壁上最高的那块木块，而恰恰取决于桶壁上最短的那块"（如图 3-13 所示）。

图 3-13　木桶理论：短板决定容积

（三）相关案例：自行车的进化

1790 年，法国人西夫拉克创造了一个由两个轮子、一块木头和一个马鞍制作而成的发明——第一辆自行车，自行车的发明及使用极大地便捷了城市交通。

然而这种自行车的方向控制性能极低。无方向盘的车身设计，使得人们只能靠下车用手搬动车身才能改变方向，从而严重制约了自行车的实际行驶速度。为解决这一问题，德国人德莱斯在 1817 年设计了带车把的自行车，并在一次比赛中战胜了传统的马车。

用脚蹬地驱动自行车的效率很低，面对泥泞积水的路面也容易弄脏鞋裤，故此时能量转换效率和适应性对自行车的普及产生了重要影响。1840 年，英格兰人麦克米伦设计了自行车脚蹬。1861 年，米肖父子将脚蹬置于前轮，增加了前轮的直径。1869 年，经英国人雷诺的改良，自行车的车身得以轻量化，前轮直径也远远大于后轮。

改良后的自行车在稳定性上还存在明显问题。巨大的车轮既不便于人们上车，也不便于人们控制方向，容易翻车。1886 年，英国人斯塔利在 1874 年罗松所设计的带链条和链轮自行车的基础上，为自行车装上了前叉和车闸，同时选用了大小相同的车轮，并首次使用了橡胶车轮，还用钢管制成了菱形车架。这就是现代自行车的雏形。

此后，通过充气轮胎、菱形车架等设计，自行车的舒适性和安全性不断提高，出现了公路单车、旅游单车、山地单车等众多款式。自行车的进化路线如图 3-14 所示。

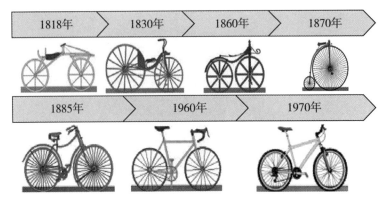

图 3-14　自行车的进化路线

六、向超系统进化法则

（一）内涵与意义

一个技术系统与另外一个或多个技术系统（即超系统）相互组合，可以称为超系统的集成。这种不同系统之间的优化组合与重组，体现了向超系统进化法则。

根据向超系统进化法则，技术人员可以在资源不受约束的条件下，通过系统资源合并的方式增加系统功能或直接降低系统费用，从而提高系统的整体价值。同时，部分超级子系统与原有超级子系统的技术融合也能得到改进，不仅使得原有超级子系统结构得以大大简化，还可实现与超级子系统相关组件的技术合并。

（二）向超系统进化的技术系统合并路径

1. 参数差异增加

参数差异增加是指随着技术系统的进化，相互合并的系统在实现相同或相似功能的情况下，其系统参数差异不断增加，最终使整体系统存在实现相同功能的不同系统。其合并路径如图 3-15 所示。

图 3-15　参数差异增加的合并路径

其中，"相同"表示参与合并的系统参数一致；"同类差异"表示参与合并的系统相似，但相互间至少有一个参数不一致；"同类竞争"表示参与合并的系统功能相似，但特征和性质完全不同。

2. 功能差异增加

功能差异增加是指随着技术系统的不断进化，相互连接合并各个系统的技术功能数据差异不断增加，最终形成各系统功能互斥的整体系统。其合并路径如图 3-16 所示。

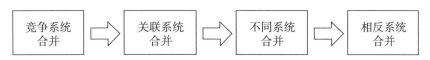

图 3-16　功能差异增加的合并路径

其中，"竞争"表示参与合并系统的主要功能相同；"关联"表示参与合并的系统针对同一对象，位于同一操作过程，或处于相同条件；"不同"表示参与合并系统的主要功能和特征互不相同；"相反"表示参与合并的系统具备相反或者互斥的功能。

3. 集成深度增加

集成深度增加是指随着技术系统的不断进化，相互集成合并的技术系统在继续维持和不断增强自己原有系统功能的基础上，联系不断增加，结构不断精简。其合并路径如图 3-17 所示。

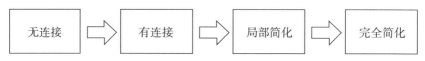

图 3-17 集成深度增加的合并路径

其中，"无连接"表示参与合并的系统在整体系统中相互孤立，几乎不发生联系；"有连接"表示参与合并的系统在保持自身完整结构的基础上进行信息、能量等交互；"局部简化"表示部分参与合并的系统在维持自身原有功能的前提下发生结构调整，从而共享资源，降低冗余；"完全简化"表示整体系统已经完成所有的"局部简化"，达到最简结构。

(三) 相关案例 1：欧洲帆船的进化

欧洲帆船原来使用的名称一直都是"横帆"，即主桅横向上方安置的一个方形双桅帆，并通过增加桅杆数来增加航速。此时的欧洲帆船只能顺风前行。

公元 6 世纪，受到阿拉伯人的影响，欧洲帆船部分桅杆上的帆由横帆替换成了比较容易操纵的三角帆。此时的欧洲帆船依然无法适应风向不定的海域。

大约在公元 13 世纪，欧洲人开始在帆船身上自行增加"纵帆"，利用船体分力、合力运动原理，实现"船驶八面风"，提高了帆船的适应性。

随着工业革命的发展，蒸汽机开始不断普及。由此，诞生了帆与蒸汽机结合的"混合动力"帆船，大大提高了帆船的航行能力。

欧洲帆船的进化如图 3-18 所示。

图 3—18　欧洲帆船的进化

（四）相关案例 2：飞机空中加油的进化

飞机在长途高速飞行时，需要在高速飞行中对油箱进行加油。最初，燃油箱系统是飞机的一个主要子系统，进化以后，燃油箱已经脱离了飞机，进入了飞机超系统，以空中加油机的方式对其他飞机进行加油。从此飞机的燃油系统得到了极大简化，不必再携带数吨的燃油，腾出的空间可以携带更多的物品（如图 3—19 所示）。

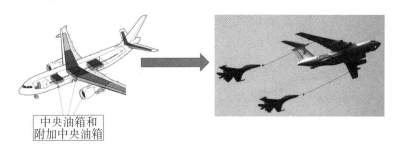

中央油箱和
附加中央油箱

图 3—19　飞机空中加油的进化

七、向微观及增加场应用进化法则

（一）内涵与意义

技术系统的进化发展过程通常是沿着减小其初始元器件基本尺寸的方向不断发展的。通过将尺度较大的宏观物质所完成的功能逐步进化为由尺度较小的微观物质来完成，提高系统性能，实现更多功能。

根据该法则，研发人员可以通过分析预测下一代系统的产品尺寸和技术适用范围，进行具有针对性的技术开发，从而大大降低企业研发创新成本，提高企业的国际竞争力。

（二）进化路径

随着技术元件向微观的进化，技术元件的微观形态也不断向微观级别演化，并最终达到最理想的微观状态，即"功能俱全，结构消失"。其进化路径如图 3-20 所示。

图 3-20　向微观及增加场应用进化法则下的技术系统宏观进化路径

图中的"整体"是指系统能够独立实现功能的原始技术处理系统。随着原始元件尺寸的不断缩小，原始技术系统可以分解为"多个部分"，各部分都可认为是系统中能独立完成目标功能的一个子系统。随着原始元件尺寸的进一步缩小，技术系统的内部形态也进一步发生变化，从毫米级到微米级甚至到纳米级，从完全可见到不完全可见。最终，技术系统的内部形态基本结构将完全消失，即只能达到"虚空"。

（三）相关案例：灭鼠技术的进化

最早，人们只是依靠仿制人本身以及棍、棒等简单的器械工具对老鼠进行捕杀，这就是原始的灭鼠技术系统，这种系统效率低下。随后，人们逐步发明了鼠夹、鼠鞭、鼠笼等工具进行灭鼠，这些工具不仅可以在老鼠经常出没之处大量移动放置，并且大大提高了灭鼠效率。随着生物化学的不断发展，人们已经研发出了灭鼠毒粉、毒液和毒气，用于大规模灭鼠。目前已出现一种较为先进环保的灭鼠技术——电子驱动灭鼠器，一夜之间能灭鼠 10～100 只，效率极高。

八、协调性进化法则

（一）内涵与意义

协调性进化法则通常是指机械系统的各个子系统在功能结构、参数、节奏和频率上必须保持协调，在这种情况下才能充分发挥各自的功能。技术系统的进化方向是沿着各子系统之间更协调的进化方向不断发展。该法则指出了系统失调的表现形式与系统协调的类型，以及各子系统间、系统与超系统间的关系。

（二）进化路径

协调性进化法则主要包含以下三个方向的进化路径。

1. 形状与结构协调

结构与形状协调通常指各级子系统间的结构形状间的协调（或失调）。进化路线分为以下几种。

（1）兼容程度的进化：

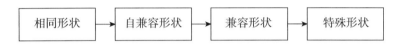

（2）表面形状的进化：

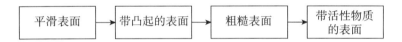

（3）内部结构的进化：

（4）几何形状的进化：

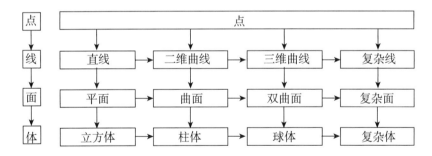

2. 频率协调

频率协调是指物理对象的固有频率相互间的协调（或失调）。频率协调的进化路线分为以下两种：

（1）单个物体的进化：

（2）多个物体的进化：

3. 参数协调

参数协调是指子系统之间的性能参数的相互协调（或失调）。参数协调的进化：

（三）相关案例：移植器官的进化

最早人们在做器官移植手术时，使用的器官都来自他人捐赠，存在排异的风险。随着科技的发展，人们通过新的生物材料研制出了人工器官，用以填补器官捐赠的不足。虽然人工器官的使用寿得以延长，但在功能上依然不能完全替代真实的器官。如今，人们可以依靠克隆技术获得克隆器官，这种器官的生物特性与患者完全匹配，是理想的器官移植材料。移植器官的进化过程如图3－21 所示。

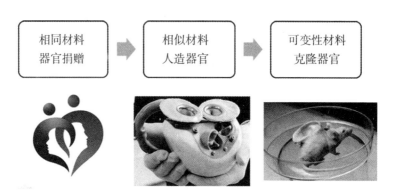

图 3－21　移植器官的进化过程

第四节　系统进化法则作用

系统进化法则是 TRIZ 中用于解决人类发明技术问题的重要指导原则，掌握好这些法则，可以有效地提高解决发明问题的工作效率。

一、满足市场需求

系统进化法则是通过对大量行业专利问题研究分析得出的，具有一定客观性和普适性。系统进化法则不仅可以有效帮助市场政策调查研究人员和产品设计开发人员从技术进化发展趋势的不同视角确定产品的技术发展路径，还能引导用户不断提出技术需求，实现适应市场需求的不断创新。

二、定性技术预测

针对企业产品，系统进化法则可为企业研发人员的战略预测提供帮助。

对那些已经处于成熟期和发展期的企业及其产品，在基本功能以及结构、参数上都应当尽快进行技术优化，保证未来的产品利润。

对处于成熟期或衰退期的技术产品，应避免将进行技术创新的资金投入该领域。企业应充分关注开发新的核心产品技术以替代已有的技术，推出新一代的技术产品，确保公司业务的持续健康发展。

三、产生新技术

市场需求会随着时间而不断发生变化。因此，通过系统进化法则，我们可以对当前市场产品的变化进行系统分析，以便找出更合理的产品功能需求结构，帮助设计人员快速完成对系统或其他子系统的设计。

四、专利布局

系统进化法则可以帮助企业确定未来的产业发展走势。对于当前还没有满足市场需求的高新技术，可以事先考虑进行技术专利布局，保证企业未来长久的持续发展空间，获得专利授权转让可能带来的经济收益。

在当前的信息社会，很多通信企业往往正是通过依靠有效的国际专利技术资源布局来迅速获得各种高附加值的商业收益。更重要的一点是，专利正逐渐成为许多企业打击国外竞争对手的重要手段。目前我国的企业在走向专利国际化的道路上，已经遇到了国外专利同行的强力阻挡。为了有效节省技术资源和研发成本，专利市场布局正逐渐成为我国创新型科技企业的一项重要战略工作。

参考文献

[1] 赵敏，张武城，王冠殊. TRIZ 进阶及实战：大道至简的发明方法 [M]. 北京：机械工业出版社，2015.

[2] 范德林，曹然然，于慧伶. 基于 TRIZ 理论的 S-曲线法则分析企业生命周期 [J]. 科技创业月刊，2016，29（23）：144-146.

[3] 曹福全，姜占民，常丽坤，等. 技术系统完备性分析 [J]. 科技创新导报，2014，11（23）：115-116.

[4] 韩博. TRIZ 理论中技术系统完备性法则的应用研究 [J]. 技术与市场，2014，21（4）：34-35.

第四章 TRIZ 创新思维及应用

创新是以现有的思维模式提出有别于常规或常人思路的见解为导向,利用现有的知识和物质,在特定的环境中,本着理想化需要或为满足社会需求,而改进或创造新的事物,包括但不限于各种产品、方法、元素、路径、环境,并能获得一定有益效果的行为。

创新思维是指人们在认识和改造世界的过程中,尤其是在进行创造性高层次实践中表现出来的认识事物的特殊方式,是人类依据自身现有的理论和经验来开拓新领域的思维能力。人类的思维主要包括逻辑思维和非逻辑思维两种形式。逻辑思维是思维的一种高级形式,是人运用概念、推理和判断等思维类型反映事物本质和规律的认识过程。逻辑思维分为理论型和经验型,正是因为逻辑思维是一种依赖经验或理论的抽象的思维形式,而利用逻辑思维进行创新时就会存在一定的路径依赖,或者叫思维惯性。这会使得思维的拓展或创新思路的激发存在一定的阻碍。突破思维惯性就要求我们要全方面考虑事物之间的联系,既要考虑本系统,也要考虑子系统和超系统,既要考虑本系统的过去和未来,也要考虑子系统或超系统的现在和将来,从而使得思维处于发散与收敛的过程。

本章主要从 TRIZ 中最终理想解、资源分析法、九屏幕法、STC 法、金鱼法和小人法六个方面对 TRIZ 的创新思维及其应用进行了系统讲解,为应用 TRIZ 创新思维厘清思路。

第一节 最终理想解

对于 TRIZ,在解决问题之初,需先抛开各种客观限制条件,通过理想化的状态来定义问题的最终理想解(Ideal Final Result,IFR),用以明确理想解所在的方向和位置，从而保证在问题解决过程中沿着此目标前进并获得最终的理想解，避免传统创新设计方法中缺乏目标的弊端，提升了创新设计的效率[1]。这种针对特定的技术或管理问题，尝试构建最终理想化的结果的过程就叫作 IFR。

IFR 是 TRIZ 体系中最为重要的方法之一，是指系统在最低程度改变的情况下能够实现最大程度的自服务（自我实现、自我传递、自我控制等），在解决技术和管理问题中作用显著。在 TRIZ 中，IFR 就是解决发明问题的"导航仪"，在众多的 TRIZ 工具中，IFR 就是"灯塔"。

一、最终理想解的概述

随着技术或管理系统的不断进化，其理想度会不断提高，在极限的情况下系统的有用功能会趋于无穷大，有害功能趋于 0，此时的系统既能够实现既定的有用功能，又不占据时间、空间，不耗能也不产生任何有害功能，这样的系统就是理想系统。理想系统在实际工程中是不存在的，但是，理想化最终结果却是产品设计的一个努力方向，是技术系统向理想系统进化的过程。技术或管理系统达到的这样一个理想化的状态，叫作最终理想化的结果，针对特定技术或管理问题，尝试构建 IFR 的解决方案，这个过程或者工具叫作 IFR。如果把进化的过程比作大桥的话，IFR 就是桥下坚实的桥墩，它支撑着大桥一步步通向理想的彼岸。

TRIZ 中引入了"理想化""理想度"和"最终理想解"等概念，目的是进一步克服思维惯性，开拓研发人员的思维，拓展解决问题的可用资源。理想化是科学研究中创造性思维的基本方法之一。它主要是在大脑之中设立理想的模型，通过理想实验的方法来研究客体的运动规律。理想化的一般操作程序是首先要对经验事实进行抽象，形成一个理想客体，然后通过想象，在观念中模拟其实验过程，把客体的现实运动过程简化和升华为一种理想化状态，使其更接近理想指标的要求。

理想化是系统的进化方向，不管是有意改变还是系统本身进化发展，系统都在向着更理想的方向发展。系统的理想程度用理想化水平进行衡量。我们知道，技术系统是功能的实现，同一功能存在多种技术实现方式，任何系统在完成人们所期望的一个或多个有用功能时，往往会带来超出预期的有害功能。

在 TRIZ 中，选取用正反两面的功能比较来衡量系统的理想化水平，也就是系统的理想度。

理想化水平衡量公式[2]为

$$I = \sum U_{\mathrm{F}} / \sum H_{\mathrm{F}} \tag{3-1}$$

式中，I 表示理想化水平；$\sum U_{\mathrm{F}}$ 表示有用功能（Useful Function）之和；$\sum H_{\mathrm{F}}$ 表示有害功能（Harmful Function）之和。

理想化水平衡量公式显示系统的理想化水平与系统有用功能之和成正比，与有害功能之和成反比，系统的理想化水平越高则产品的有用功能越突出，在进行工程或者创新设计中一般都是朝着理想化水平增加的方向进行。

根据式（3-1），可以从以下四个方面增加理想化水平：

（1）减小分母，增大分子，理想化增加显著；

（2）分母不变，增大分子，理想化增加；

（3）分母减少，分子不变，理想化增加；

（4）分母分子同时增加，但分母增加的速率低于分子增加的速率，理想化增加。

在实际工程或管理问题中，理想化水平衡量公式中的各个参数需进一步细化，分子用效益之和来代替，分母分解为成本之和加上危害之和。于是，理想化水平衡量公式变为

$$I = \sum B / \left(\sum C + \sum H \right) \tag{3-2}$$

式中，I 表示理想化水平；$\sum B$ 表示效益之和；$\sum C$ 表示成本之和（如空间、时间、材料成本、能量、资源、重量、复杂度等）；$\sum H$ 表示危害之和（污染、废弃物等）。

产品或技术按照市场需求、行业发展、超系统变化等，随着时间的变化无时无刻不处于进化之中，进化的过程就是产品由低级向高级演化的过程。如果将所有产品或技术作为一个整体，从进化方向来说，任何产品或技术的低成本、高功能、高可靠性、无污染等是研发者追求的理想状态，产品或技术处于理想状态的解决方案可称为 IFR。创新过程从本质上说是一种追求理想化的过程。

在工程技术领域，可以精确地计算出有害功能和有用功能，然而在管理领域较难实现，主要源于管理创新是一个更加复杂、开放和动态的系统。因此，管理创新也不能简单地用有害和有用功能进行衡量，毕竟对管理创新理想解的判断要复杂得多，这一判定过程也显得尤为重要。

二、提升系统理想度的方法

系统的理想程度用理想化水平进行衡量。按照理想化涉及范围的大小，

TRIZ 中将系统的理想化分为部分理想化和全部理想化。在进行系统创新设计的过程中，一般先进行部分理想化，部分理想化不能达到相关要求后可考虑全部理想化。

（一）部分理想化

部分理想化是一种较为常用的创新设计方法，是指基于理想化的原理，通过不同的实现方式使系统理想化，这一理念贯穿创新设计全过程。常用的部分理想化方法有以下 6 种：

一是强化有用功能。通过优化提升系统参数，应用高一级进化形态的材料和零部件，给系统引入调节装置或反馈系统，让系统向更高级进化，加强有用功能。

二是减弱有害功能。通过对有害功能的预防、减少、移除或消除，降低能量的损失、浪费等，或采用更便宜的材料、标准件等减弱有害功能。如将城市的生活垃圾和工业垃圾经高温处理后作为下水道管道的制作原料，以代替水泥或塑料。

三是功能通用化。应用多功能技术增加有用功能的数量。比如手机，增加 MP3 播放器、收音机、照相机等通用功能，待功能通用化后，系统获得理想度的提升。

四是增加集成度。集成有害功能，使其不再有害或有害性降低，甚至变害为利，以减少有害功能的数量，节约资源。如将火力发电厂冷却水用来供给厂区家属院的居民取暖。瑞士刀也是集成了小刀、钳子、剪刀、小锯子和启瓶器等多种功能。

五是个别功能专用化。将功能分解，划分功能的主次，突出主要功能，将次要功能分解出去。比如，近年来专用制造划分越来越细，元器件、零部件制造交给专业厂家生产，汽车厂家只进行开发设计和组装。波音飞机原配件的全球采购就是一个典型例子。

六是增加柔性。系统柔性的增加，可提高其适应范围，有效降低系统对资源的消耗和对空间的占用。当前，以柔性设备为主的生产线越来越多，以适应当前市场变化和个性化定制的需求。

（二）全部理想化

TRIZ 中的全部理想化是指通过选择不同原理，针对系统的统一功能使其理想化的方式，一般在部分理想化的实验无效后才会使用。全部理想化主要有以下 4 种实施方式：

一是功能的裁剪。在保证主要功能的前提下，去除掉系统的辅助功能，简化系统。

二是系统的裁剪。利用系统内部和外部免费的可用资源，从而省去部分辅助的子系统，降低系统的成本。

三是原理的改变。为简化系统，若改变系统工作原理可以达到这一目的，则可尝试改变系统的工作原理，得到全新的系统。

四是系统换代。根据系统的 S 曲线法则，当系统进入衰退期后，就需要考虑该系统的替代系统，完成系统的更新换代。

三、最终理想解的特点和作用

IFR 具备 4 个显著的特点[3]：第一是保持了原系统的优点。利用 IFR 来解决问题不会抹杀原系统的优点，这些优点包括系统的主要有用功能、低消耗、低成本和高兼容度等。第二是消除了原系统的不足。这些不足包括存在的问题、缺点等，不能消除不足的不能称为 IFR。第三是不会使系统更复杂。面对技术问题，可以解决的办法成千上万，如果在解决问题的同时使得系统更为复杂，则会带来更多的次生问题，如系统可靠性变低、成本上升和各个子系统之间的协调性变差等，这也不能叫作 IFR。IFR 解决问题的核心思想就是用最低的成本和最少的资源有效解决问题。第四是不能引入新的缺陷。如果在解决问题的过程中又引入新的缺陷，这种方式也是不可取的。

在具体的应用过程中，IFR 能够发挥以下作用[4]：一是明确解决问题的方向。IFR 的提出为解决问题确定了系统应当达到的目标，然后通过 TRIZ 中的其他工具来实现 IFR。二是能够克服思维惯性，帮助使用者跳出已有的技术系统，在更高的系统层级上思考解决问题的方案。三是能够提高解决问题的效率。IFR 形成的解决方案可能距离所需结果更近一些。四是在解题伊始就激化矛盾、打破框架、突破边界、解放思想，从而寻求更优的解。

四、最终理想解的确定

（一）IFR 的确定

IFR 的确定的常用方法有以下两种：一种是利用 TRIZ 中的 ARIZ，该方法是基于功能分析建立理想模型；另一种是在系统中引入 X 元素，利用 X 元素来确定 IFR。

1. 利用 ARIZ 确定 IFR

利用 ARIZ 确定 IFR 的流程如下：

（1）确定需要解决的对象；

（2）对要解决的对象进行分析，确定有用功能、中性功能和有害功能；

（3）确定表达功能元素之间的关系；

（4）选择系统内部零部件，构建理想模型；

（5）基于理想模型建立可实现的系统；

（6）评价所建立的系统解决方案，若不是最佳方案，返回第 4 步重构理想模型。

2. 引入 X 元素确定 IFR

假设存在 X 元素，这个 X 元素可以是系统的功能元件，也可以是系统、超系统或者子系统中的某个非实质性的元件，如系统元素、问题的变化或相变化等。这个 X 元素能够帮助解决问题，彻底地消除系统的矛盾，不影响有用功能，同时也不带来有害功能，不会使得系统更复杂，使得系统趋于 IFR。这种 IFR 的确定方法就叫引入 X 元素法。

（二）IFR 的解题步骤

确定 IFR 的步骤如下：

（1）精确地描述系统中存在的问题和矛盾。

先确定目标，明确系统到底要解决什么问题。

（2）明确系统的有用功能和系统的终极目标。

系统的有用功能，尤其是基本的有用功能只能加强，不能弱化。随后要明确系统的最终目标，系统功能是实现目标的手段。

（3）思考实现这些功能的理想情况。

首先考虑第一类理想情况，让理想化公式的三个自变量都为 0，也就是说完全不需要整个功能了。于是产生第一个解决问题的思路：需要这个有用功能的终极目的到底是什么？是否可以通过其他方式达到同样的目的而使得这种功能不再被需要？是否可以不需要这个系统？这一思路又可分为三种情况：一是对象是否可以自服务，二是所需功能是否可由超系统（环境）来实现，三是所需的功能是否可由史为廉价的其他系统来实现。

（4）是否可完全去除有害功能。

考虑是否可完全去除有害功能，这又分为两种情况。第一种为是否可以剪裁有害功能的组件或子系统，第二种为是否可将有害功能配置到超系统（环境）。

（5）是否可以将成本降为 0。

考虑是否可以将成本降为 0，有两个思路：一为是否可利用系统内部的剩余资源；二为是否可由引入系统外部的"免费"资源来实现消除有害功能或者实现有用功能。

（6）看其他行业是否已有解决类似问题的方案。

（7）构建解决方案。

五、最终理想解的应用及注意事项

在应用 IFR 的过程中需要注意以下几个问题：

一是对 IFR 的描述。IFR 的描述必须加入"自己""自身"等词语，也就是说需要达到的目的、目标、功能等是在不需要外力，不借助超系统资源的情况下完成，是一种最大程度的自服务（自我实现、自我传递、自我控制等）。此种描述方法有利于工程师打破思维惯性，准确定义 IFR，使解决问题沿着正确的方向进行。

二是 IFR 并非"最终的"。根据实际问题和资源的限制，IFR 有最理想、理想、次理想等多个层次。当面对不同的问题时，需根据实际需要进行选择。

三是应用 IFR 的过程是一个双向思维的过程。从问题到 IFR，从 IFR 到问题，对于最理想的 IFR 可能达不到，但是这是目标，可以通过达到次理想和理想的 IFR 的方式最终达到最理想的 IFR。

六、应用案例：烤烟生产中地膜带来的污染问题解决

烤烟生产和移栽过程中需要用到地膜，以起到提高地温，保蓄水土，保持和提高土壤肥力，减少养分流失，提高烤烟产量与质量的作用。但是在烤烟揭膜后，地膜一般都没法继续使用，大部分的地膜都是直接丢弃在田间地头（见图 4-1），造成了极大的资源浪费和环境污染，这该如何解决？

图 4-1　烤烟生产以及烤烟采烤后留下的残膜污染

第一，考虑所需的功能由超系统来实现，也就是考虑环境温度和湿度能否调节。于是产生了一个想法，即可以把烤烟种到温度更高、降水量更为充沛的地方去。但根据现实的经验，大家知道这个想法难以实现。因为大田烟的品质存在一定的局限性，种植在海拔稍高一些的山地烟更受人们欢迎，当然不排除未来随着生产和烘烤技术的进步，大田也能种出品质高的烤烟。

第二，考虑所需功能由更为廉价的其他的系统来实现。有下列三个想法：一是应用节约型地膜，使产生的污染对环境影响更小；二是把肥料溶解到水中，做出缓释型颗粒，埋入地中，以此实现保水保肥的作用；三是利用其他控温、保水技术，例如使用黑膜作为新型地膜。

第三，考虑去除有害功能。在这个案例中，地膜的有害功能是造成环境污染、浪费资源。为了去除有害功能，可以重复使用地膜或使用可降解的地膜（见图 4-2）。

图 4-2　烤烟生产中可降解地膜的应用

第四，考虑将成本降为 0。思考是否可以利用系统内部的剩余资源或者引入外部的"免费"资源来帮助消除有害功能或者实现有用功能。由此可提出两个解决方案：一是进行机械地膜回收利用（见图 4-3 和图 4-4）；二是发明一种光解地膜，使光解周期等于移栽到揭膜的时间。

第五，参考其他相关行业，比如蔬菜种植和中药种植行业是否有解决地膜污染的新方案。

第六，评价各个方案的可行性，构建符合实际的解决方案。

图 4-3　人工回收地膜

图 4-4　机械回收地膜

第二节　资源分析法

广义的资源是指一切可以用来被人类开发或利用的物质、能量和信息的总称。它可分为自然资源和社会资源，自然资源包括空气、水、阳光、森林、草原、土地、矿藏等，而社会资源包括信息资源、人力资源或经劳动创造的各类物质财富等。在充分利用资源之前需要对资源进行科学、充分的分析。

资源分析是一种系统考虑可用资源，打破固有的对物体空间、时间、材料和能源的认识，以进行创新思维的方法。TRIZ 一般将资源分为自然资源（环境资源）、空间资源、物质资源、信息资源、时间资源、系统资源、能量（场）和功能资源八类，依据其在系统中的作用也可分为内部资源和外部资源，依据其在技术系统设计当中的应用可分为现成资源、派生资源和差动资源。

挖掘资源的方式主要集中于动作或子系统，通过有效利用时间与空间，着重于减少损失与浪费，从而克服资源的限制。

克服空间资源限制的方法主要有充分利用子系统或相邻子系统，闲置或暂时闲置空间，充分利用点、线、面或体积，充分利用系统的几何形状等。例如，烟草行业经常利用暂时闲置的烟叶烤房生产食用菌或者利用暂时闲置的烤烟育苗棚生产冬草莓等经济作物。

克服时间资源限制主要是调整工作阶段，使过程连续或者是变换工作顺序。

克服材料资源限制的方法有三种：一是使用薄膜、粉末、蒸汽等将少量物质扩散到更大的空间；二是与子系统混合；三是充分利用环境中的材料。

克服能量资源限制的方法也有三种，包括：提高利用率；使用价格低廉的能量；使用环境中的能量。

第三节　九屏幕法

系统由多个子系统组成，系统外的叫超系统（环境），我们正在研究的叫当前系统。考虑问题的时候不仅要考虑当前系统，还要考虑它的超系统和子系统；不仅要考虑当前系统的过去和未来，还要考虑超系统和子系统的过去和未来。九屏幕法（九屏分析）能够帮助我们从结构、时间以及因果关系等多维度对问题进行系统分析，该方法不仅研究问题的现状，而且考虑与之相关的过去、未来和子系统、超系统等多方面的状态。

一、概念

九屏幕法是以空间为纵轴，包括当前系统、子系统和超系统，以时间为横轴，考察上述系统的"过去""现在"和"未来"的三种状态。这样就构成了至少九个屏幕的模型（图 4-5）。

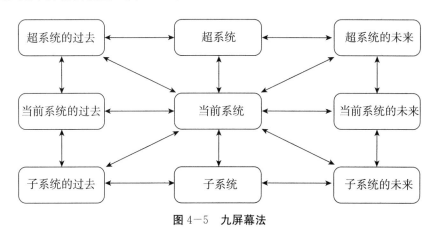

图 4-5　九屏幕法

九屏幕法从时间和空间两个维度对当前系统进行全面分析，从而获得对当前系统的全面认识，进而推导出系统未来的理想模型。通过实践和分析发现，TRIZ 的技术系统进化法则与九屏幕法存在密切的联系：九屏幕法处处体现着系统进化的思想，系统进化法则分别在九屏分析的六条时空轴线上发挥作用。

二、九屏幕法应用步骤

资源分为显性资源和隐性资源，解决任何问题之前都需要查找解决问题的资源，对资源进行搜索，而九屏幕法也被称为资源搜索器，常用于进行系统资源的搜索。九屏幕法的应用常按照以下步骤进行。

步骤一：按照三横三纵画出九宫表格，将我们需要研究的系统填入九宫表格中。

步骤二：考虑当前系统的子系统和超系统，并填入表格对应的位置。

步骤三：考虑当前技术系统的过去和未来，并填入表格对应的位置。

步骤四：考虑超系统和子系统的过去和未来，并填入表格剩下的位置。

步骤五：针对表格中每一个位置，考虑可用的各种类型的资源。

步骤六：利用可用资源的类型和规律，结合相关领域的专业知识，选择切实可行的方案解决技术问题。

三、应用案例

汽车系统的九屏幕图如图 4-6 所示[5]。

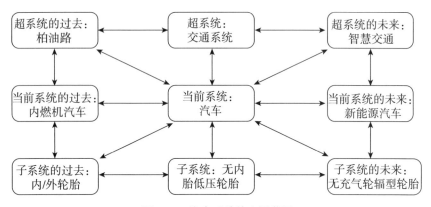

图 4-6　汽车系统的九屏幕图

九屏幕法突破了原有思维惯性，从空间和时间的维度去观察技术系统，充分考虑现有的资源，探索发现新的解决问题思路与方法。在应用九屏幕法解决问题的过程中应该注意，九屏幕法只是一种分析问题和搜索有效资源的手段，并不是解决问题的工具，它的作用在于更好地理解问题的思维方法，从而确定新的解决问题的途径。此外，从九屏幕图中列出的信息有时并不一定能得出解决问题的新方法。若实在是找不出某个表格对应的内容，可以暂时空着，但是要根据当前系统从上述的两个维度进行总体的考虑，这无疑对问题的解决是有益的。利用九屏幕法的思维方式去考虑技术问题可以锻炼人们的创造能力和系统方法问题解决把握的能力。

第四节　STC 法

TRIZ 中包含两种多维度、多视角分析问题和搜索资源的方法，除去上述的九屏幕法，还有一种就是 STC 法，这两种方法都能够帮助人们以更加系统、全面和立体的方式思考问题。

一、STC 法概念

STC 法也叫 STC 算子，是一种利用发散思维的想象实验，即将尺寸（Size）、作用时间（Time）和成本（Cost）这三个要素按照三个方向、六个维度进行一系列有规律的发散变化，将这三个因素分别逐步递增和递减，直到系统中有用的特性出现。

二、STC 法的实施步骤与原则

使用 STC 法进行问题分析时，首先应该明确当前技术系统的尺寸、时间和成本，然后分别对三个要素进行逐步递增或递减直至无穷，观察三个要素在逐渐变化过程中是否有新的特性或者新的功能的出现。使用中尤其需要注意不要因担心结果变得非常复杂就提前终止变化，也不要猜测中间结果。

STC 法在使用过程中应遵循以下原则：一是先将系统的尺寸从当前尺寸逐步减小到 0，再将其增加到无穷大，观察技术系统的变化；二是先将系统的作用时间从当前值逐步减小到 0，再将其增加到无穷大，观察技术系统的变化；三是先将系统的成本从当前成本逐步减小到 0，再将其增加到无穷大，观察技术系统的变化。

一般来讲，STC 法的三个要素中，尺寸的变化与技术系统功能的变化密切相关，作用时间的变化则与系统的性能相关，而成本则与实现功能的系统直接相关。当然，技术系统一般由诸多的子系统构成，影响系统的要素也很多，而 STC 法主要是选取我们关注的单一要素进行考虑，并不是统一考虑多个要素。此外，STC 法只是一种思维发散的分析方法，并不能给我们提供一个具体的解决方案，其应用目的是产生几个具有指向性的解决问题的设想，帮助我们发散思维，克服思维惯性。

三、应用案例

STC 法在很多领域都可以应用，例子也较多。如我们日常中常见的卡车，我们就可以利用 STC 法在尺寸、时间和成本三个维度去考虑卡车这个技术系统的变化，做六个思维尝试，如图 4-7 所示。

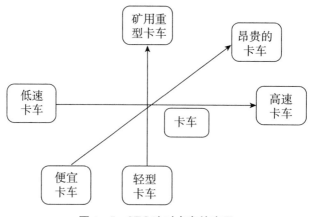

图 4-7　STC 法对卡车的应用

（1）假设卡车的尺寸趋于 0，这种情况下就不需要卡车了，是不是有更为合适的运输方式，例如管道输送等。当然，合适的小尺寸的例子有带货柜的轻型卡车。

（2）假设卡车的尺寸趋于无穷大，没有任何限制，单次的运输能力就会非常大，这在需要运输大量资源的领域应用就较多，比如矿用重型自卸卡车。

（3）从时间的角度去思考卡车的改进时，我们可以从卡车的运行速度去考虑。当卡车运行的速度变低，驾驶操作的便利性就会增加，考取驾照的难度降低，运用领域便会增加。现在应用广泛的农用卡车基本属于低速卡车系列。

（4）假设卡车的运行速度趋向无穷大时，会出现高速货物运输系统。

（5）当我们从成本的角度去考虑卡车系统时，卡车的有用功能就是运输货物到目的地。一辆成本趋向于 0 的卡车，那就是运输不花钱，则考虑目标货物实现自我运输的功能。

（6）如果不计成本，没有任何限制，我们就可以使用昂贵的设备。这种情况就可以采用带有人工智能功能的卡车。

上述采用 STC 法去分析卡车可能的改进方案中，有的有效，有的不一定有效，但是选取这种方法进行发散思维是一种创新性解决问题的思路。这种从多角度看待问题的思维方式，可以协助我们进行有规律、多维度的发散思考。

第五节　金鱼法

金鱼法是一种情景幻想分析法，源自俄罗斯作家、诗人普希金的童话《渔夫和金鱼》，故事中渔夫夫人的愿望都通过金鱼变成了现实。金鱼法是一种采取大胆设想、小心求证的方式，逼近解决问题的可行方法。

一、金鱼法概念

金鱼法是通过反复迭代，对幻想或不现实的问题进行反复求解构思的过程。具体做法是先将幻想式构想区分为现实和幻想两部分，再利用系统资源，找出幻想构思变为现实构思的条件，并提出可能的解决方案，通过这样不断地迭代，直到确定解决问题的构想能够实现为止。

二、金鱼法的思维与解题流程

（一）金鱼法的思维流程

（1）把问题分为现实和幻想两部分。
（2）提出问题1：幻想部分为什么不现实？
（3）提出问题2：在什么样的条件下，幻想部分可以变为现实？
（4）列出子系统、系统、超系统中可以利用的资源。
（5）利用系统资源，找出幻想构思可以变成现实构思的条件，并提出可能解决的方案。
（6）若方案不可行，再将幻想构思部分进一步分解（回到第一步），这样反复进行，直至得到可行的方案。

（二）金鱼法的解题流程

金鱼法的解题流程是一个层层递进、逐步深入地对问题进行分解的过程，在解题过程中不要轻易否定幻想部分。金鱼法的解题如图4-8所示。

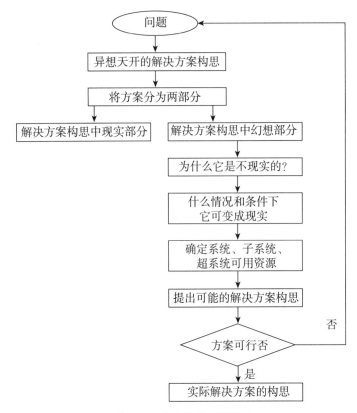

图 4-8　金鱼法的解题流程

三、应用案例

金鱼法的应用案例：怎样利用空气赚钱？

（1）将问题分解为现实部分和不现实部分。

现实部分：空气处处都有；不现实部分：买卖空气是不现实的。

（2）为什么买卖空气是不现实的？

空气无处不在，没有市场。

（3）什么条件下人们要买卖空气？

在飞机、潜艇、深水、太空、高山等环境。

（4）可用资源。

空气的成分、杂质、地球、太阳辐射等。

（5）可能的解决方案构想。

高纯氧气、氮气、氩气、制氧机等。

第六节　小人法

小人法也叫聪明小人法。技术系统的存在是为了完成一项或多项特定的功能，当系统内部的某些组件不能完成必要的功能，我们可以用一组小人来代表这些不能完成特定功能的部件，然后通过能动的小人重新排列组合，对结构进行重新设计，从而实现预期功能。

小人法适用于各部件功能明确的简单系统，对于复杂的系统，则需要将小人法和九屏幕法结合起来使用，先通过子系统提取转换为简单系统，再建立小人模型。对于较为抽象的问题，则需要我们将抽象的问题转化为具体问题后，再建立拟解决问题的小人模型。

一、小人法的实施步骤

小人法的实施步骤如下：

（1）对物体各个部分进行划分，将各个部分想象成小人。

（2）根据问题的情况对小人进行分组，描绘已有的情况。

（3）研究小人问题模型，对其进行改造重组，使其符合所需的理想功能，消除原有的矛盾。

（4）将小人固化成所需功能的组件，从小人模型过渡到解决方案。

二、应用案例

应用小人法解决技术问题时，应该充分考虑以下四个原则：一是应画足够多的小人，用一组小人来表示系统的组件；二是应根据功能的不同给予小人一定的特性，比如让小人可以动；三是绘制多张图，分别对问题模型和方案模型进行绘制；四是把握使用小人的核心，让小人能够移动、变化和重组。

应用案例[6]：水计量计（见图4-9）的水槽排水每次没法排干净，如何改进？

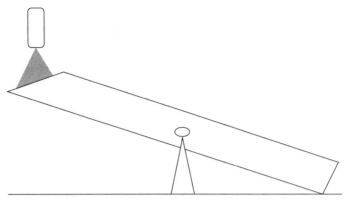

图 4-9　水计量计

第一步：问题描述与分组（见图 4-10）。

我们用不举手的小人表示水，举手的小人表示水槽的重心，重心这边有三个举手的小人，当走入的小人超过三个时重心偏向左边，则代表水的小人往外走。如果举手的小人不动，则跟提出的问题一样，代表水的小人无法全部走掉。

🏃 表示水　　🏃 表示水槽重心

（a）　　　　　　　　　　　　　　　　　（b）

图 4-10　应用小人法解决水槽排水不尽问题第一步示意

第二步：对小人模型进行改造（见图 4-11）。

为了让代表水的小人全部走下来，则需要举手的小人同时向排出方向移动，等到最后一个小人全部走掉后，举手的小人迅速返回右边。

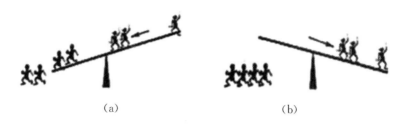

图 4-11　应用小人法解决水槽排水不尽问题第二步示意

第三步：对小人模型进行改造（见图 4-12）。

通过多次优化试验，优化出需要移动的小人的数量（质量），将模型转化为一个可以移动重心的装置。

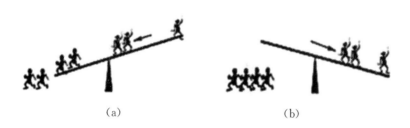

图 4-12　应用小人法解决水槽排水不尽问题第三步示意

第四步：形成实际的技术方案（见图 4-13）。

最后形成如图 4-13 的技术方案：在水槽的右边设置一个槽，里面预置一个可以活动的重力球，槽的长度、重力球的直径和重量需要通过小人法优化得出。

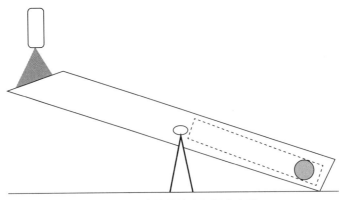

图 4-13　水计量计实际解决方案

　　TRIZ 创新思维中的六大方法各有特点：最终理想解主要强调解决方法的方向性（创新方法导航仪），资源分析法和九屏幕法强调全面系统地分析与挖掘资源（资源搜索与挖掘机），STC 法则主要从多维角度对系统进行极限变化来认识系统的新特征和新功能（特征分析仪），金鱼法强调发散思维和异想天开（情景幻想分析仪），小人法则强调从微观级别和动态的角度去思考问题（微观与动态观测仪）。这六种创新思维方法在 TRIZ 解决问题的流程中都用处明确，是我们进行创新的有力工具，利用这些创新思维解决技术问题的步骤可以参考图 4-14。

　　整体来讲，TRIZ 的创新思维方法有效地避免了在发散思考的结果中出现过于散乱无序、难以收敛问题的缺点，有助于我们快速跳出思维定式的圈子，及早调整方向。TRIZ 是创新问题解决的结构化方法，因此对人专业知识的依赖性大大降低。TRIZ 的创新思维能避免设计者迷失方向，也避免设计者受到已有知识和经验的束缚，从而激发设计者的突破性思维。

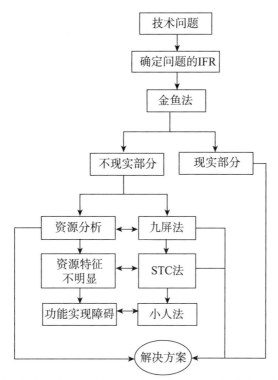

图 4－14 用 TRIZ 创新思维方法解决技术问题的步骤

参考文献

［1］邵冬. 基于 TRIZ 的管理创新解的理想化水平判定方法研究［D］. 天津：
河北工业大学，2016.

［2］郑称德. TRIZ 理论及其设计模型［J］. 管理工程学报，2003，17（1）：
84－87.

［3］樊华，李颖，陶亚楠. 创新思维与方法导论［M］. 南京：南京大学出版
社，2019.

［4］韩博. TRIZ 理论中最终理想解的应用研究［J］. 科技创新与品牌，2015
（2）：76－78.

［5］攀承怡，姜金刚. TRIZ 实战：机械创新设计方法及实例［M］. 北京：
化学工业出版社，2019.

［6］姚威，韩旭，储昭卫. 创新之道 TRIZ 理论与实战精要［M］. 北京：清
华大学出版社，2019.

第五章　物场分析理论及应用

第一节　物场模型的来源及其定义

一、物场模型的产生

阿奇舒勒通过对功能结构的整理研究，发现并总结出了以下三个规律：

（1）所有的功能都可以分解为执行体、接受体、场三个基本要素。

（2）一个实际存在的功能，必定由这三个基本要素构成。

（3）把相互作用的三个基本要素加以有机结合，就构成了一个功能。

假设问题的物场模型是相似的，那么解决问题的物场模型就应该是相似的，与这种问题来自什么范畴无关。

二、物场模型的定义

TRIZ 将利用物质和场来描述系统问题的方法叫作物场分析法，在分析某个具体的技术系统时，建立的物质和场的模型就叫物场模型。物场模型从物和场的观点出发，阐述了技术系统结构要素间的相互作用关系，通过寻求满足理想结构的基本方法或标准解法，提出产品创新与发展的解决方案。

三、物场建模的目的

（1）物场模式的建立，能够揭示技术系统各个要素之间的作用。

（2）物场建模是探讨物场转换和发展的方法。

（3）应用物场建模，能够从模糊的开发情境深入发明问题。

四、物场模型的适用范围

（1）现有的系统不存在。

（2）在进化阶段的不成熟系统。

（3）增加新功能到系统中。

（4）同其他的 TRIZ 工具相比，需要的支持性知识更加广泛的系统。

第二节　基本物场模型

一、物场模型

提及物场模型，我们先来区分物场模型与功能模型的区别。

物场模型描绘的是系统中产生问题的两个组成部分之间的相互关系，而功能模型则描绘的是整体系统的基本组成和各组成部分之间的作用。物场模型是局部的，功能模型是总体的。

最基础的物场模型是由两种物质 S_1、S_2 与一种场 F 组成的系统模型，以一组三角形来描述每个系统所实现的功能，如图 5-1 所示。它描绘的是系统中组成部分的作用（行为），是最小化的限制、灵活、可控制的技术系统模型。

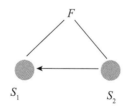

图 5-1　最基本的物场模型

物质 S_1 是一个具有变化和位移等的"目标""对象"，物质 S_2 是完成必要功能的"工具"。物质可以是自然界的任何东西，如水、空气、人等。物质的特征包括状态的多样性、系统的层级性和材料的特殊性三个方面。

场 F 代表"能量""力"，是实现两个物质间的相互作用的能量，包括磁场、重力场、电场、温度场等。

二、物场模型中 S_1 与 S_2 之间的相互作用表现

物质 S_1 和 S_2 之间的连线表示两者之间的相互作用，最常见的四种连线方式如图 5-2 所示。

正常作用　　　　　　有害作用

不充分作用　　　　　　过渡作用

图 5-2　S_1 与 S_2 之间的连线及含义

实线箭头表示 S_1 与 S_2 之间的正常作用，虚线箭头表示不充分作用，波折线箭头表示有害作用，十字箭头表示过渡作用。

根据不同连线的形式，物场模型又可分成 4 个基本类别，即有效完整模型、不完整模型、效应不足的完整模型和效应有害的完整模型。

（1）有效完整模型：实现功能的三个要素全部齐全，从而能够实现有效功能的模型。

（2）不完整模型：实现功能的三个要素不齐全，可能是缺场，也可能是缺（工具）物质。

（3）效应不足的完整模型：三个要素齐全，但功能上尚未有效实现或实现得不够。

（4）效应有害的完整模型：三个要素都齐全，但出现了有害的效果，则必须去掉其中的有害效果。

构建物场模型遵循的流程如图 5-3 所示，即：

（1）识别元件，定义模型中的三个要素；

（2）构建模型，查看系统是否完整、有用、有效；

（3）从 76 个标准解中选取最适当的解，作为解决方案；

（4）进一步发展解，以达到系统的有效和完善；

（5）实现具体解；

（6）探求另外可行解。

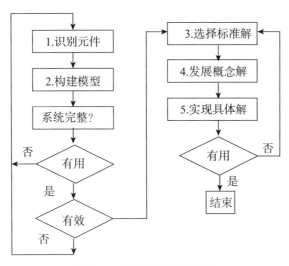

图 5-3　构建物场模型流程

第三节　物场模型的 76 个标准解

在经过大量研究的基础上，阿奇舒勒等发现可以采用 76 个标准解作为物场模型的通用解法，其应用广泛且有效。

76 个标准解[1]分为 5 个级别，每个级别包含许多标准解，见表 5-1。

表 5-1　76 个标准解

级别	标准解系统名称	子系统数量
第一级	基本物场模型的标准解	13
第二级	增强物场模型的标准解	23
第三级	向双级系统、多级系统或微观级系统进化的标准解	6
第四级	测量与检测的标准解	17
第五级	简化和改善策略标准解	17
合　计		76

下面，我们详细对每一级的标准解进行讲解。

一、基本物场模型的 13 条标准解法

（一）构建完整的物场模型

1. 不完整物场转为完整物场

如图 5-4 所示，引入缺失的场或物质来构建完整的物场模型，从而使系统具备必要的功能。

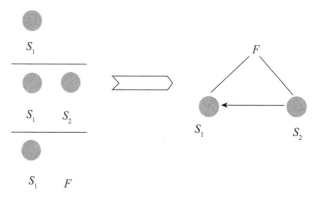

图 5-4　不完整物场转为完整物场

[案例 1] 用铁锤打钉，如图 5-5 所示。除了钉子（目标物质 S_1），还有铁锤（工具物质 S_2），再加上人的双手用力（机械力 F），在这三项因素一并满足时方可进行钉下钉子的工作。

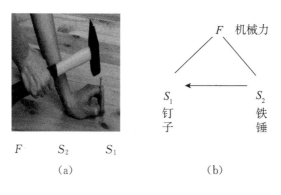

（a）　　　　　　　　　　　　　（b）

图 5-5　用铁锤打钉

2. 转为内部附加物的物场模型

只要构成场模型的 3 个要素齐全了，就是个完整的物场模型，但不能体现它是个正在工作的物场模型。如果系统中已有的对象无法按需改变，可以在

S_1 或 S_2 中引入一种永久的或临时的内部附加物 S_3，从而帮助系统实现功能。该附加物也可以是系统物质的变异，如图 5-6 所示。

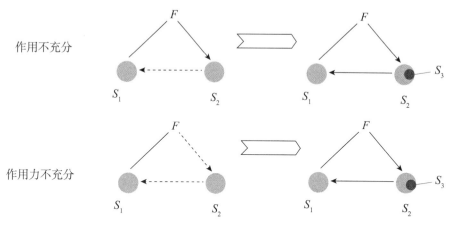

作用不充分

作用力不充分

图 5-6　转为内部附加物的物场模型

［案例 2］穿着一般的靴子在冰层上走路时很容易滑倒。这是因为一般的靴子在冰层上得不到相应的摩擦力，所以很容易打滑。解决方法就是换上专用的滑冰鞋，如图 7-5 所示。

图 5-7　换专用滑冰鞋

［案例 3］带双帽的钉子（见图 5-8）。在有些产品的加工过程中需要给产品钉下大量的钉子，待加工完毕后再马上拔出。因此在此加工过程中，钉帽需要和产品表面贴合，以起到固定产品的目的。而在加工完成后，钉帽则需要远离产品表面，这样既可以使取钉更加方便，也可以防止取钉时对产品表面产生破坏。为解决上述问题，采用带有两个钉帽的钉子，就能够完全适应各种加工过程的需要。由于在两个钉帽之间有充足的空间用来取钉，所以使用带双帽的钉子就可以保证更贴近产品。

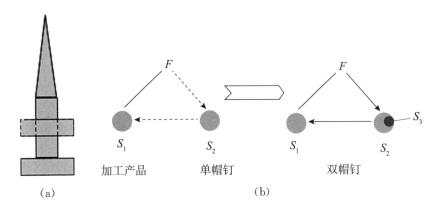

图 5-8 带双帽的钉子

3. 转为外部附加物的物场模型

若系统没有改变，实施时内部合成受阻，可在两个物质 S_1、S_2 的外侧引进附加物 S_3 来实现增强效应的目的，如图 5-9 所示。

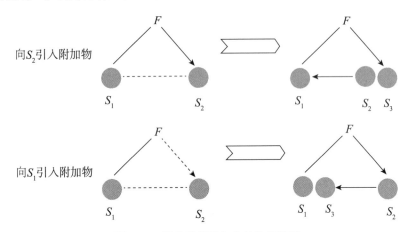

图 5-9 转为外部附加物的物场模型

[案例 4] 路标涂层的物场模型（见图 5-10）。路标的明亮度，对车辆驾驶员的安全行车至关重要。在路标表面涂上高分子涂层后，在车辆大灯的照射下，可以增加道路的反射光，进而增加了标识对驾驶员的可视性。

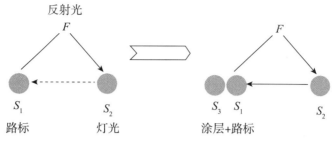

图 5-10　路标涂层的物场模型

[案例5] 检查压缩机氟利昂的泄漏处的物场模型，如图 5-11 所示。把外部添加物 S_3 荧光粉加入压缩机里的润滑油后，利用紫外光的照射，通过观察渗出的润滑油中荧光粉所产生的光，就能够正确地判断氟利昂的泄漏处。

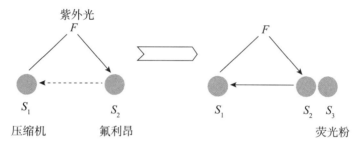

图 5-11　检查压缩机氟利昂的泄漏处的物场模型

4. 转换为环境物场模型

在基本物场模型已经建立的基础上，假设系统无法满足环境要求的变化条件，同时限制将物质引入系统内部或外部，那么就可把周围环境中的物体作为附加物引入，从而建立与周围环境在一起的物场模型，如图 5-12 所示。

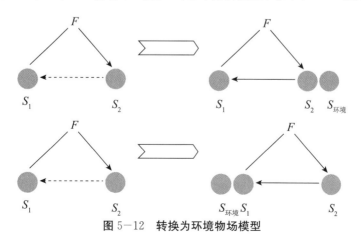

图 5-12　转换为环境物场模型

［案例6］潜水艇入海深度调整的物场模型（见图5－13）。当潜水艇漂浮在海面时，潜水艇同时受到重力以及浮力的作用。倘若将环境中的海水大量地注入潜水艇内，当地球对潜水艇的重力克服了海水的浮力之后，潜水艇便会下沉到海里。

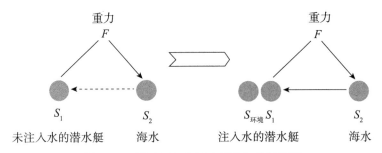

图5－13　潜水艇入海深度调整的物场模型

5. 通过改变环境转换为环境物场模型

在基本物场模型已经形成的基础上，如果系统难以满足要求，且限制附加物引入系统内部或外部时，则可通过改变或分解环境来获得所需的附加物，建立环境和附加物在一起的物场模型，如图5－14所示。

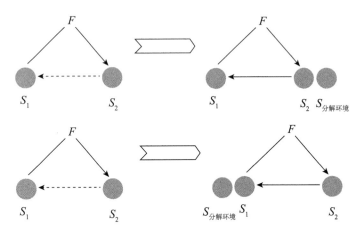

图5－14　通过改变环境转换为环境物场模型

［案例7］轴承润滑油的物场模型（见图5－15）。相对于轴承来说，润滑油是轴承的环境，在润滑油中引入电解液，可促使润滑油汽化，以改善普通径向轴承的阻尼特性。

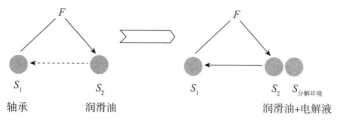

图 5－15　轴承润滑油的物场模型

6. 转换为对物质的最小作用

如图 5－16 所示，如果想要达到最小作用量，但因目前条件很难实现，可先使用最大模式（最大作用场或最大物质）当作过渡形式，再设法将过量的场消除，最终实现对物质的最小作用。

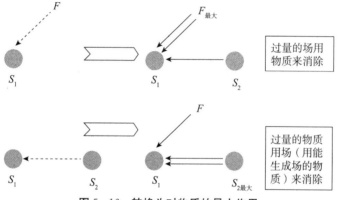

图 5－16　转换为对物质的最小作用

［案例 8］磁发电机导体陶瓷板上喷涂强磁性导电材料，如图 5－17 所示。先向整块陶瓷板喷满第一层强磁性涂层，然后再把喷洒在凸面上的过量部分利用机械场将它们全部去掉，最后只留薄薄的一层强磁性导电材料。

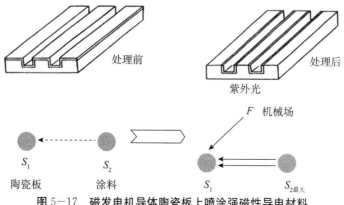

图 5－17　磁发电机导体陶瓷板上喷涂强磁性导电材料

7. 转换为对物质的最大作用

当系统需要达到最大化的效果，而这也会对系统物质 S_1 产生影响时，可以引入保护性附加物 S_2，让最大化的作用，先直接作用于与原物质相连接的附加物 S_2 上，再作用到原物质 S_1 上，如图 5-18 所示。

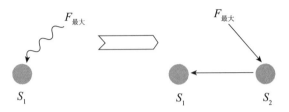

图 5-18　转换为对物质的最大作用

[案例 9] 焊接面罩的物场模型（见图 5-19）。焊缝时产生的辐射对焊缝工人的眼睛有很大的伤害，但是为提高焊缝品质，焊缝的光强是绝对不可以降低的，而焊缝的工作又必须持续进行。因此，如果焊缝工人使用了焊接面罩（中性滤光镜），过量的弧光（多余的场）就能被焊接面罩（引入的附加物）抵消了。

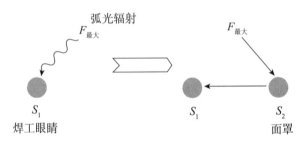

图 5-19　焊接面罩的物场模型

8. 选择性引入保护性物质

若系统同时需要很强的场和很弱的场，那么在给系统施以很强的场的同时，在需要较弱场作用的地方引入物质 S_3，以起到保护的作用。

[案例 10] 注射液玻璃瓶封口工艺的物场模型（见图 5-20）。在为注射液玻璃瓶完成密封工作时，通常需要将火苗调节至最大，从而迅速地融化玻璃并实现密封。但由于烧灼的火苗对玻璃瓶中的药剂品质也会产生一定影响，因此在进行密封作业时，通常需要将玻璃瓶身浸泡于水中，以降低对药剂的影响。

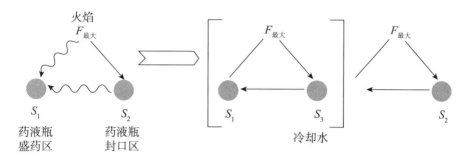

图 5-20　注射液玻璃瓶封口工艺的物场模型

（二）消除或抵消系统中的有害作用，构建完整的物场模型

1. 引入外部物质

假设物场模型中同时出现有用及有害作用，而其中的两种物质相互之间又不是紧密相连的，那么就可以通过把外界现成的物质，带入该体系的另外两种物质内部，以减少两种物质间的直接接触来减少有害作用。这种外部引入的物质既可能是暂时的，也可能是长期的，如图 5-21 所示。

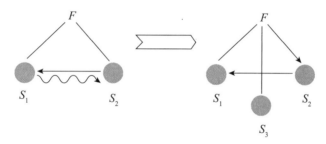

图 5-21　引入外部物质

［案例 11］茶壶托盘的物场模型（见图 5-22）。手对茶壶的有用作用是不让茶壶掉落，但茶壶会把手烫伤。在茶壶下放上一个托盘，既能让手扶住茶壶，又能防止茶壶烫伤手。

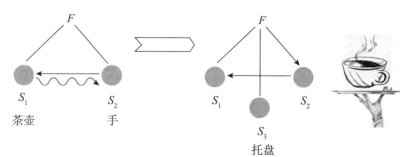

图 5-22　茶壶托盘的物场模型

81

2. 引入现有物质的变异物

如果在系统的物场模型中同时存在着有用和有害作用，且其中的两种物质间并不需要紧密相连，但限制系统从外部引进新物质时，可以引入系统物质的变异物来减少两种物质之间的有害作用，如图 5-23 所示。

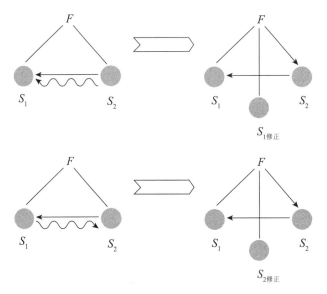

图 5-23　引入现有物质的变异物

[案例 12] 如图 5-24 所示，足球场上设有的遮阳棚对现场观众有遮阳效果，但现场观众喧哗的噪声汇集在遮阳棚上，会对周围街区产生不利影响。当在遮阳棚内加入矿物棉时，折射在遮阳棚上的现场听众的嘈杂声将被遮阳棚内的矿物棉吸收，从而降低对周围街区的影响。

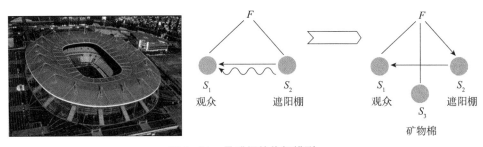

图 5-24　足球场的物场模型

3. 引入第二种物质

为减少场对物质 S_1 的有害影响，可以引入第二种物质来消除有害作用，如图 5-25 所示。

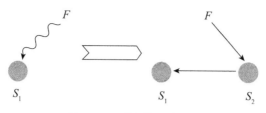

图5-25　引入第二种物质

［案例13］消音墙的物场模型（见图5-26）。为降低往来频繁的汽车嘈杂声，在道路两侧设置了消音墙，以达到隔音的功效。

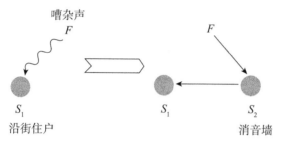

图5-26　消音墙的物场模型

4. 引入场

如果在系统中同时存在有用作用与有害作用，而两种物质之间又要求直接相连，那么就可以引入另一种场 F_2，构建双物场模型，其中场 F_1 是为了实现有用作用，而场 F_2 则是为了中和有害作用并把有害作用转换为另一种有用作用，如图5-27所示。

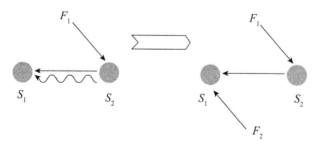

图5-27　引入场

［案例14］病人骨折后治疗的物场模型（见图5-28）。医师在对腿部骨折的患者实施了外科手术之后，便利用支撑架将其固定。同时，利用脉冲电场对腿部肌肉进行理疗，以促进肌肉生长和防止肌肉收缩。

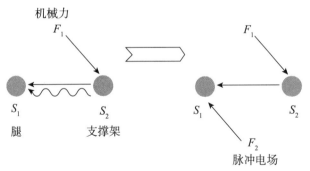

图 5-28 病人骨折后治疗的物场模型

5. 通过场来切断磁影响

若系统内的某部分的磁性物质可能导致有害作用，可以通过退磁的办法（加热磁性物质到居里温度之上，或引入另外一种相反的磁场）来消除系统中可能存在着的有害磁力，如图 5-29 所示。

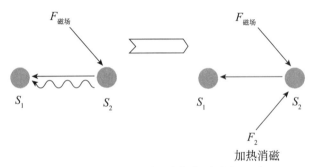

图 5-29 通过场来切断磁影响

[案例 15] 如图 5-30 所示，焊接电流所引起的磁场会将焊粉在工作区内吹散，从而导致焊缝问题，影响焊接品质。如果预先把焊粉升温至居里温度之上，焊接时焊粉将被完全退磁，上述情况就不会再出现了。

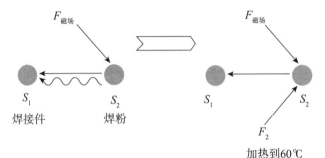

图 5-30 焊接件与焊粉的物场模型

二、增强物场模型的 23 条标准解法[2]

（一）转换为复合的物场模型

1. 转换为串联式的复合物场模型

将物场模型中的一个物质要素转化为一个单独控制的物场模型，从而建立一个串联式的复合物场模型，如图 5−31 所示。

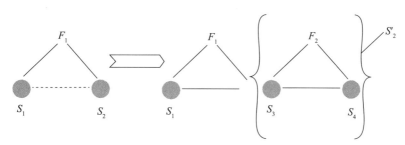

图 5−31　转换为串联式的复合物场模型

［案例 16］提高降温保护服的保护功效的物场模型，如图 5−32 所示。工人为了减少炼钢时高温的影响，穿了由低传导性材质制作的保护服，这种保护服在短时间内的隔热效果非常好，但一段时间过后，由于衣服内外部温度均衡，其隔热作用将会显著减弱。如果在保护服的最外层表面附设一个袋子，在袋中插入可熔化材料（烷 14 与烷 16 的混合物，熔点为 $10℃\sim16℃$），这样就可以将一般防护服改为降温保护服。在应用前，先将防护服冷却到 $0℃$ 以下，使混合物成固相，再穿上时，运用相变材料的吸热效应，使防护服有了较好的降温功效。

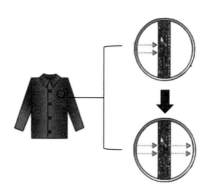

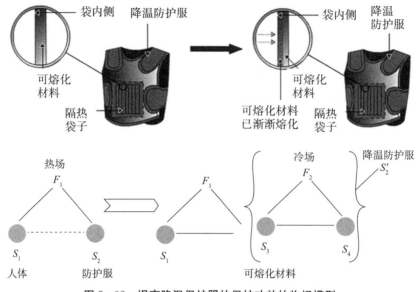

图 5-32　提高降温保护服的保护功效的物场模型

2. 转换为并联式的复合物场模型

若必须增加某个不易控制的物场模型，并且限制替代要素，那么就可通过引进第 2 个容易控制的场来构建一种并联式复合物场模型，如图 5-33 所示。

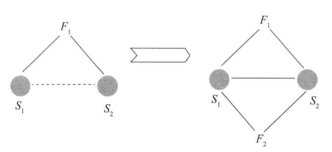

图 5-33　转换为并联式复合物场模型

[案例 17] 空间站中孵卵器的物场模型（见图 5-34）。在空间站上有孵化小鸡所需的一般大气环境与温度，能够让孵卵器维持正常工作，但唯一缺点就是没有重力，导致小鸡无法孵出。若先令孵卵器围着轴心转动，再通过产生的重力附加场，小鸡就能够成功地出生在太空中。

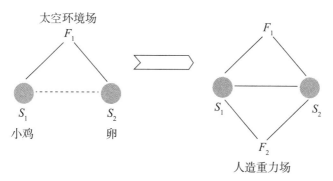

图 5－34　空间站中孵卵器的物场模型

（二）增强物场模型

1. 转换为更易控制的场

若系统中场的效能不够强，且工作场无法控制或不易控制，则可用能完全控制的场取代无法控制或不易控制的场，以提高物场模型的可控性，如图 5－35 所示。可以按以下路径替换场：重力场→机械场→电场或磁场→辐射场。

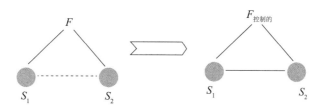

图 5－35　转换为更易控制的场

[案例 18] 控制内燃机气阀进出的物场模型（见图 5－36）。为了改善可控性，把内燃机进出气阀的转动方式，从一般的转动轴控制变成用电磁铁来控制。

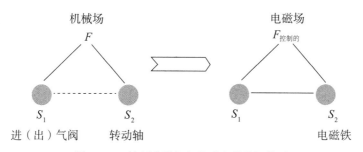

图 5－36　控制内燃机气阀进出的物场模型

2. 增加物质分散度

通过增加物质 S_2 的分散度来实现微观功能，并由此达到增强系统性能的效果，如图 5-37 所示。增加物质分散度的进化路线为：固体→可移动固体→可弯曲固体→液体→气体→场。

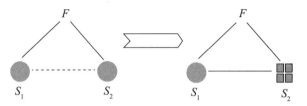

图 5-37　增加物质分散度

［案例 19］汽车坐垫的物场模型（见图 5-38）。为了让汽车坐垫更加舒适，将坐垫设计为气囊形状，利用气囊对人体接触点的自我调节，使气囊能均匀支撑人的体重，从而提高坐垫舒适度。

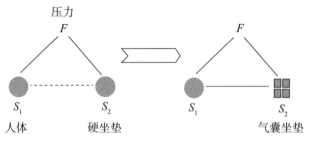

图 5-38　汽车坐垫的物场模型

3. 使用毛细管和多孔物质

变换物质的内部结构，使其形成带有毛细管和多孔的物质，利用液体或气体渗透通过毛细管和多孔物质，由此达到增强系统功能的效果。从固态变换至毛细管和多孔物质的路径为：固体→一个洞固体→多个洞固体→毛细管和多孔物质。

［案例 20］胶水瓶头的物场模型（见图 5-39）。胶水瓶头在使用更多孔的海绵状瓶头之后，能够显著地改善胶水涂布的品质与效果。

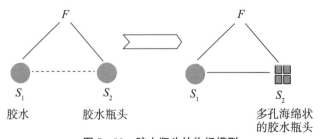

图 5-39　胶水瓶头的物场模型

4. 动态性

如果系统具有刚性、永久性和非弹性功能的物质，可以通过改进或提升物质的动态性（向更为灵活或更为高速变化的系统结构演进）来提升其效能，如图5－40所示。

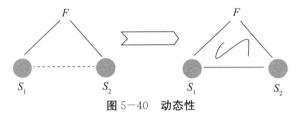

图 5－40 动态性

动态性的进化路径为：刚体→单铰→双铰→多铰→柔性体→液体→气体→场。

［案例21］车辆的变速器。车辆的变速器由有级变速器向无级变速器发展，使车辆的变速器更加稳定，动态特性增强。

［案例22］风力发电站的铰链。风力发电站的风轮在装有铰链后，有利于风轮机在风力的作用下变成顺风。

［案例23］垂直起降的直升机。当在垂直起降的直升机机翼上设置了铰链结构之后，整个机翼和引擎都能转动，使得飞机能根据各种情况来改变方向，从而保证了飞行员能更加便捷地操控直升机。

5. 转换为结构性的场

用有序组织结构的场代替无序组织结构的场，从而强化物场模型。

［案例24］超声波焊接的物场模型（见图5－41）。超声波焊接时，为确定焊缝的部位，可在焊缝范围内设置一个调谐装置，通过调整元件使振动定向有序地聚集在某个集中区域内，形成区域振荡，最后通过振荡频率的差异来判断焊缝的部位。

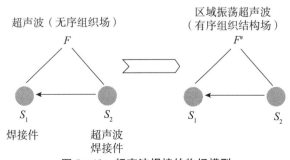

图 5－41 超声波焊接的物场模型

6. 异质性物质代替同质性物质

使用异质性物质代替同质性物质，从而增强系统的效能，如图 5－42 所示。

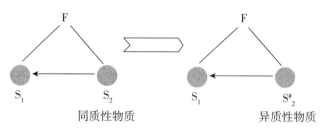

图 5－42　异质性物质代替同质性物质

[案例 25] 皮球生产工艺的物场模型（见图 5－43）。确保具有一定的圆度，是皮球生产工艺的关键指标。单独用硫化橡胶难以满足要求。在制造过程中，改用异质性物质，如预先准备一个由白垩粉与水的混合物制备的球芯，接着在其外表敷以橡胶，经硫化处理后，通过注入一种液体使得球芯完全溶化，最后从球体中抽出液体，从而制备出皮球。

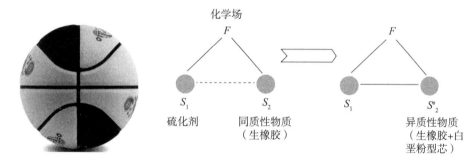

图 5－43　皮球生产工艺的物场模型

（三）频率协调的物场模型

1. 将场与物质的频率相协调

将场与物质的频率相协调从而增强物场模型，如图 5－44 所示。

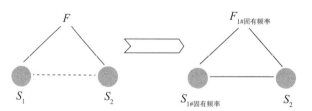

图 5－44　将场与物质的频率相协调

[案例 26] 钓鱼的物场模型（见图 5-45）。在钓鱼过程中，往往需要前后移动钓竿，这是为了使钓竿的移动频率与鱼线的运动频率相同，使鱼线在钓竿移动的影响下形成共振，进而增加鱼线的移动。

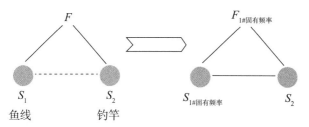

图 5-45 钓鱼的物场模型

2. 协调场与场的固有频率

在复合物场模型中，协调场与场的固有频率从而增强物场模型，如图 5-46 所示。

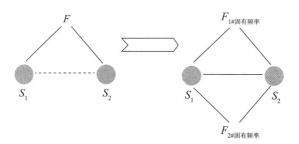

图 5-46 协调场与场的固有频率

[案例 27] 磁矿石分选的物场模型（见图 5-47）。在分选由强磁性成分和废岩所组成的混合物时，为有效提高分选效率，需要将强磁混合物同时放在磁场与振荡场，使磁场的强度和频率与振动场的振动频率相匹配，从而完成分离。

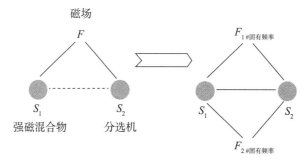

图 5-47 磁矿石分选的物场模型

3. 利用周期性作用

两个互不干扰或互相独立的场，可以利用一个场的作用间隙完成另一个场的作用，如图 5－48 所示。

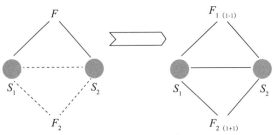

图 5－48　利用周期性作用

[案例 28] 触碰式电焊机的物场模型（见图 5－49）。触碰式电焊机在脉冲时进行焊接。为了提高高频脉冲焊缝电流的控制精度，在两个脉冲期间进行热感应电动势的检测。

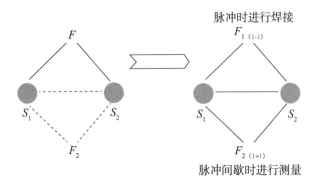

图 5－49　触碰式电焊机的物场模型

（四）利用磁场与具有铁磁性的材料强化物场模型

1. 引入铁磁性材料及磁场

在原物场模型中引入铁磁材料及磁场，从而实现两种物质有效相互作用与可控性的增强，如图 5－50 所示。

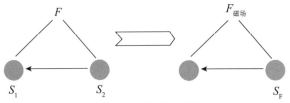

图 5－50　引入铁磁性材料及磁场

［案例 29］地下排水管的安装的物场模型（见图 5-51）。地下排水系统在安装时，预先将磁化后的铁磁物当作排水管网端头的填充物，这样可以避免水管接反。

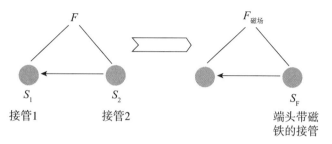

图 5-51　地下排水管的安装的物场模型

2. 利用铁磁颗粒向铁磁场转换

利用铁磁颗粒构建出更可控的铁磁场，如图 5-52 所示。

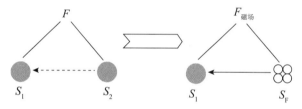

图 5-52　利用铁磁颗粒向铁磁场转换

［案例 30］吸油用的晶体的物场模型（见图 5-53）。将疏松的晶体撒到油污表面，油污能很好地被清除，但是由于晶体间彼此无法吸引，容易分散，很大程度地影响了晶体对油污的吸附作用。因此，在晶体中加入铁磁颗粒，使晶体能够相互吸引，从而减少了油污的扩散。

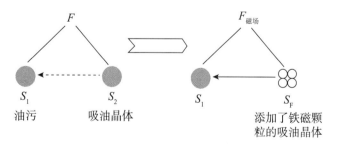

图 5-53　吸油用的晶体的物场模型

3. 利用磁性液体

磁性液体可以为悬浮包含铁磁颗粒的汽油、硅树脂或者水的胶状液体。利用磁性液体构建铁磁场，可以改善物场模型的效率和可控性，如图 5－54 所示。

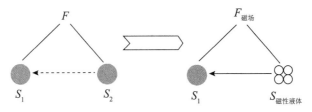

图 5－54　利用磁性液体

［案例31］废金属分类的物场模型（见图 5－55）。由于金属材料类别多，材料的外形、尺寸不同，对废金属进行分类的工作非常复杂。装有电流变液体或磁性液体的电镀槽，在大输出功率的电磁相互作用下，磁性液体的密度会发生改变，废金属会根据自身的情况逐一浮出液面，进而方便分类。

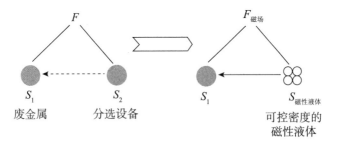

图 5－55　废金属分类的物场模型

4. 使用毛细管或多孔材料

若原铁磁场产生的效果还不够明显，则可以使用毛细管或多孔材料，对铁磁场进行改良，从而改善系统效率和可控性，如图 5－56 所示。

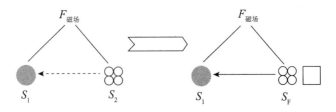

图 5－56　使用毛细管或多孔材料

［案例32］毛细管多孔过滤器的物场模型（图 5－57）。将普通过滤器改为毛细管多孔过滤器，可以提高系统的可控性。

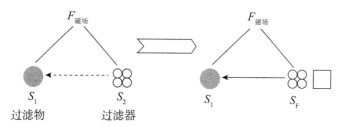

图 5-57　毛细管多孔过滤器的物场模型

5. 添加磁性附加物

若原物场模型中禁止引入铁磁材料代替原材料，则可在原物场模型的内部或外表层引入磁性附加物，从而构建出合成的铁磁场模型，由此来增强系统的功能性与可控性，如图 5-58 所示。

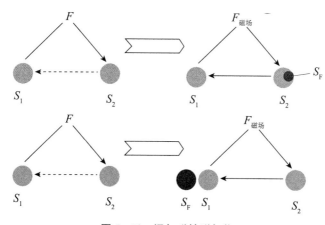

图 5-58　添加磁性附加物

［案例 33］药物治疗的物场模型（见图 5-59）。进行药物治疗时，可以在药物中加入铁磁微粒，通过外界磁场的作用，使药物在受伤部位得以很好的吸收。

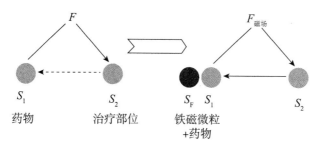

图 5-59　药物治疗的物场模型

6. 向环境中引入铁磁物质

如果原物场模型中无法使用铁磁性物质，也无法向物质中引入磁性附加物，那么可以通过在环境中引入铁磁物质，用磁场改变环境，从而实现系统功能，如图 5-60 所示。

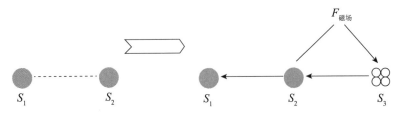

图 5-60　向环境中引入铁磁物质

［案例 34］机械振荡的物场模型（见图 5-61）。机械振荡是移动磁场中一种无铁磁性的金属元件来实现的。为缩短时间，在金属元件与磁极的缝隙中引入磁性物质，利用磁场的牵引力从而实现所需功能。

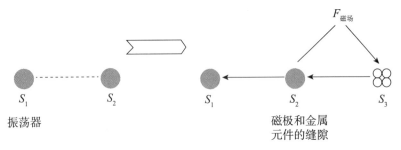

图 5-61　机械振荡的物场模型

7. 利用物理效应

运用一些物理效应来强化铁磁场模型的可操控性。

［案例 35］磁共振成像就是利用可调谐的振荡磁场，以检测某些共振频率，进而将细胞中成核的中心部位着色成像。比如，某种癌细胞组织和正常细胞组织的密度不同，用磁共振成像后，就可以检测到这些组织，由此也可以检测出癌细胞的具体部位。

8. 提高动态性

通过提高铁磁场的动态性，物场模型变成动态的、可自我调节的铁磁场，从而增强系统的适应性与可控性，如图 5-62 所示。

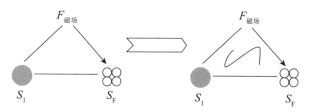

图 5-62　提高动态性

［案例 36］测量没有磁性的不规则空腔产品的壁厚的物场模型（见图 5－63）。不规则物体壁厚的测量是通过内外部的铁磁物质和感应式传感器来测量。将气球表面涂上一层铁磁粒子，然后将气球放进一个不规则的空腔后，柔性的气球能够有效地展现出空腔产品内部的形状。通过外部感应式传感器即可准确测量出空腔产品的壁厚。

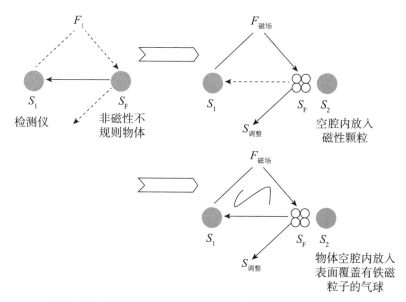

图 5-63　测量没有磁性的不规则空腔产品的壁厚的物场模型

9. 向有结构性的铁磁场转换

利用结构性铁磁场来取代无组织结构的铁磁场，如图 5-64 所示。

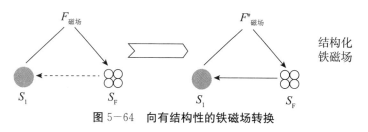

图 5-64　向有结构性的铁磁场转换

[案例 37] 磁丸成型的物场模型（见图 5-65）。使用聚苯乙烯模具，先将模具装入砂盒，再在砂盒内放入磁丸，利用通电产生的磁场，让磁丸成型，经过浇注后，将聚苯乙烯模具气化，最终得到铸件。

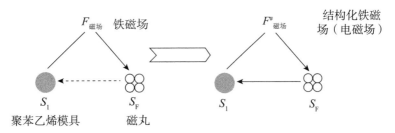

图 5-65 磁丸成型的物场模型

10. 向节律匹配的铁磁场转换

将铁磁场和物质的频率匹配，形成强化的铁磁场，如图 5-66 所示。

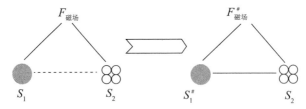

图 5-66 向节律匹配的铁磁场转换

[案例 38] 改善磁性混合物质分离效果的物场模型（见图 5-67）。磁性分离机的作用是分离混合物，减少物质内部的黏合力，从而实现分离。通过匹配与分离物振动频率相反的磁场，可以改善混合物质的分离效果。

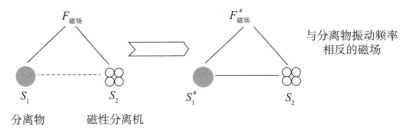

图 5-67 改善磁性混合物质分离效果的物场模型

11. 向电磁场转换

在原物场模型或复合物场的模型中引入铁磁物质或磁场，系统的功能及可操控性能可以得到显而易见的提高。但是若铁磁粒子被禁止引入系统或物体不容易被磁化时，可以通过引入电流形成电磁场，从而改善系统的可控性，如图

5-68 所示。

使用电磁场的主要的优点是：当缺少电场的相互作用时，就不能形成磁场，并且磁场的大小也可通过电流的变化来调节，这样就能够通过调节电流大小来更精准地调节磁场。

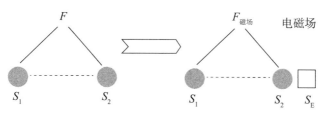

图 5-68　向电磁场转换

12. 引入电流变液体

在一些流体中，可以利用电流变液体代替禁止引入系统的铁磁粒子，从而提高系统性能，如图 5-69 所示。

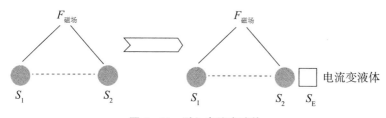

图 5-69　引入电流变液体

[案例 39] 电流变液体用作汽车的减震液。汽车减震器里的润滑油随着机械力的作用，温度升高，黏度提高，润滑作用下降。当在系统内使用电流变液体后，通过电场调节润滑油的黏度，则可以提高润滑效果。

三、向双级系统、多级系统或微观级系统进化的 6 条标准解法[3]

（一）向双级系统或多级系统转换

1. 向双级系统、多级系统转换

将能实现各自功能的两个或多个系统并入，从而增强系统整体的功能。

[案例 40] 装修房屋时使用的不同种类的灯具（见图 5-70）。在房屋装修时，使用一种灯具，只可满足房屋的照明问题，而用多种灯具，不仅能满足照明问题，也可以实现装饰的效果，同时还能实现特定的功能需求。

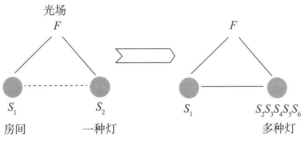

图 5-70　装修房屋时使用的不同种类的灯具

2. 改进系统间的连接

通过整合（或集成）产生的双级系统或多级系统，一旦发现存在缺失或不够可控（难以控制或无法控制），就可以采用"协同原则"，在系统之间增加移动性、柔性或可控性的连接，使系统的可控性增强。双级或多级系统相互之间的连接方式主要有刚性与柔性两种。

［案例 41］刚性连接。当许多人正在移动和放置较笨重的物品时，为实现同时移动，可以设法用刚性装置把多人的双手连接在一起。

［案例 42］柔性连接。双船体由两个刚性连接的船体组成，如果使用了柔性连接，就可以控制两个船体之间的距离，从而增加整个系统的灵活性。

3. 增大差异

根据系统进化法则，先使系统中各元素的差异增大，再加以组合，从而提高双级系统或多级系统的效能。增大差异的路径为：相同元素的组合→特性变化了的不同元素的组合→相反元素的组合。

［案例 43］增加热处理炉的应用功能。在厂房里安装几台结构完全相同的热处理炉，若将每台炉子用同样方式预设加热，即可得到同一种物质；若以完全不同的预设方式将各台锅炉加热，组合以后可以得到经过热处理过的多种不同物质；若将其中的锅炉从热处理方式转变为冷炉方式，组合以后即可得到完全不同的新物质。

4. 双级系统或多级系统向单系统转换

双级系统或多级系统向单系统转换，体现了系统朝"提高系统理想度"的目标演变。双级系统或多级系统进行优化的路径一是削减系统和系统元素，二是寻求彻底的简化，在新层次上建立一个独立系统。对双级系统或多级系统的优化，使多个系统的功能一体化，不仅简化了系统，而且可以使系统能力得到提升。

［案例44］多功能卷烟真伪鉴别器的物场模型（见图5-71）。在一个共同的外壳里装有不同功能的物体，从而构成多功能卷烟真伪鉴别器。由于用途扩大，体积也减小，改进后的卷烟真伪鉴别器实现了用途的多样性。

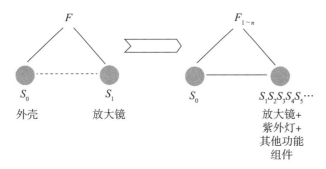

图 5-71　多功能卷烟真伪鉴别器的物场模型

5. 使系统元素之间的特性相排斥

在系统整体具备特征 A 的同时，部分系统具备-A 的特征，以此增强双级系统或多级系统的功能。

［案例45］脚踏车的链条。脚踏车的链条是柔性的，而构成链条的主要零部件却是刚性的。

［案例46］可伸缩的鱼竿。为便于搬运，鱼竿应设计得较短，但它在使用时需要很长（即单根要短，整个要长）。在这个要求下，鱼竿可以由一个可伸缩的、套叠型的管状器件制成，从而满足使用要求。

（二）向微观级系统转换

用微观的物质代替系统中原有的物质，从而使系统从宏观转向微观。技术系统在演变的所有阶段，向微观级的转换都有助于提升系统的有效性。

［案例47］电脑的发展。从真空管到单晶体管，到原始的组合电路，再到大型集成电路，电脑已出现了根本的改变。

四、测量与检测的 17 条标准解

（一）利用间接的方法

1. 用系统变化代替测量或检测

通过改变系统，原来的测量或检测不再被需要。

[案例 48] 有机混合物分馏的物场模型（见图 5-72）。为成功分馏有机混合物，需要保证分馏器中有机溶剂的温度保持在 95℃~100℃之间。而传统方式是通过电加热控制系统，连接温度传感器来测量有机溶液的温度实现分馏。在分馏器的外部增加夹套，夹套内加入水，使水维持在沸腾状态，则可以省去原测温系统。

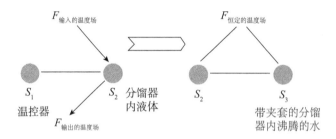

图 5-72　有机混合物分馏的物场模型

2. 使用复制品

通过测量被测对象的复制品，来取代对被测对象直接的测量。对于难以测量的软物体或非规则的物体，大多采用这种测量方法。

[案例 49] 利用太空遥测摄影代替实地勘察绘制地图，如图 5-73 所示。

图 5-73　利用太空遥测摄影代替实地勘察绘制地图

3. 利用间断测量来替代连续测量

若系统无法使用上述两种方法进行测量时，可以通过两次间断测量来获得结果。

［案例50］柔性物体的直径应该实时测量，从而看出它与相互作用对象之间的匹配是否完好。但是，实时测量不容易进行，可以通过测量它的最大直径和最小直径，确定其变化范围来进行判断。

（二）建立新的测量物场模型

1. 建立基本完整的测量物场模型

如果一个不完整的物场系统十分不便于检测，则可通过完善基本物场或双物场结构来进行测量。

［案例51］检测塑料制品泄漏程度的物场模型（见图5-74）。将塑料制品装满空气并密闭，然后把它放在液体池中，通过液体里冒出的气泡就可以检测其漏气的程度。要让气体清晰可见，还可向液体中加入指示气体泄漏的物质。

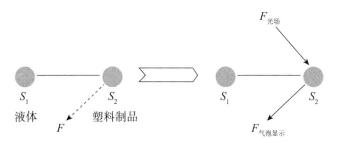

图5-74　检测塑料制品泄漏程度的物场模型

2. 引入附加物

当测量或检测比较困难时，引进容易测量的附加物 S_3，形成合成的测量物场，从而便于检测，如图5-75所示。

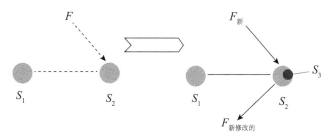

图5-75　引入附加物

［案例52］显微镜下的测量的物场模型（见图5-76）。加入化学染色剂的细胞标本，在显微镜下，就能够观察到标本中的细微构造。

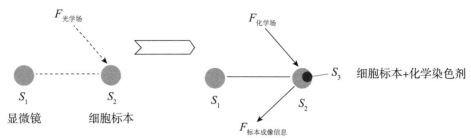

图 5-76　显微镜下的测量的物场模型

3. 将附加物引入环境中

若不能在系统中引入任何物质，可将附加物引入环境中，利用环境状态的改变得到待测对象状况改变的信息。

［案例 53］卫星定位的物场模型（见图 5-77）。卫星的定位是通过全球定位系统，接收卫星轨道所发射的信号，然后依据信号检测出自己的准确定位。

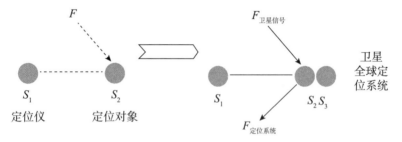

图 5-77　卫星定位的物场模型

4. 从环境中获得附加物

为了满足检测或测量的需求，当必须向系统内引入附加物，但系统或环境无法引入附加物时，可以通过降解或变化周围环境中已有的物质来产生附加物，测定这种附加物对系统环境的影响，如图 5-78。

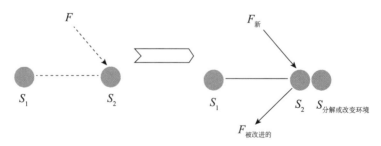

图 5-78　从环境中获得附加物

［案例 54］研究粒子运动的物场模型（见图 5-79）。在气泡室中，液氢应保持在适当的压力和温度下，以便液氢正好处于沸点附近。当高能粒子通过液

氢时，液氢就会局部沸腾，产生气泡路径。这种路径可通过拍照获得，从而便于研究高能粒子的运动特征。

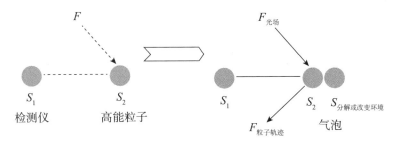

图 5-79　研究粒子运动的物场模型

（三）增强测量物场模型

1. 利用物理效应或自然现象

利用系统内已产生的物理效应或自然现象，从而检测并判断系统的实际情况。

［案例55］由于液体的温度随着液体传导率的变化而变化，所以液体的工作温度可通过测定液体的传导率来判断。

2. 利用系统的共振频率

如果不能直接测量或者必须通过引入一种场来测量时，可以让测量系统的整体或部分产生共振，通过测量共振频率，从而得到有关系统状态的数据，如图 5-80 所示。

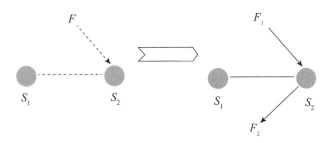

图 5-80　利用系统的频率共振

［案例56］测定大气的共振频率可得到空气体积的大小，由此即可判断地层内部煤层的深浅。

3. 利用附加物的共振频率

如果不能使系统共振，可添加已知特性的附加物，进而测量附加物的共振频率，从而获取所需的信息，如图 5-81 所示。

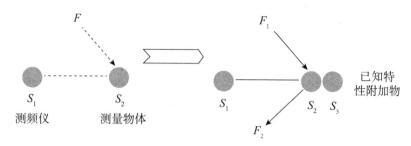

图 5-81　利用附加物的共振频率

[案例 57] 测量未知物体的电容。把未知电容的物体置入一个已知感应系数的集成电路中，之后变化电压的频率，通过测量该组合电路的共振频率，就可以测出该物体的电容。

（四）向铁磁场测量模型转换

1. 建立原铁磁场测量模型

为了测量的方便，在没有磁性的系统内引入铁磁物质，建立原铁磁场测量模型，如图 5-82 所示。

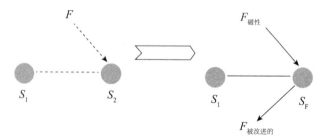

图 5-82　建立原铁磁场测量模型

[案例 58] 用磁性流量计来测量流体的速度。流量计能通过直接测量显示流体的速度。当因为某种原因不能运用机械流量计时，可以运用磁性流量计。

2. 向铁磁场测量模型转换

为了增加对系统测量的可控性，可在系统的所有部位都添加铁磁微粒，或者使用含有铁磁微粒的物体作为原系统中的另一个物体，将系统从物场测量模型或原铁磁场测量模型向铁磁场测量模型转换，通过检测或测量磁场，就可以获取所需的信息，如图 5-83 所示。

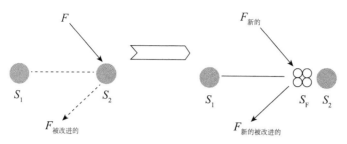

图 5-83　向铁磁场测量模型转换

[案例 59] 辨别纸币真伪的物场模型（见图 5-84）。将铁磁粒子添加在一定的颜料中，并把颜料印到纸币上，当纸币在磁场下时，利用铁磁粒子就可以判断纸币的真伪。

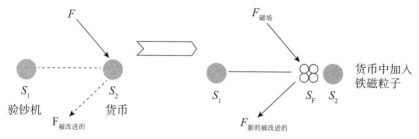

图 5-84　辨别纸币的真伪的物场模型

3. 构建合成的铁磁场测量模型

如果系统内的物质无法直接引入铁磁微粒，则可以采用向系统物质表面直接引入铁磁粒子，从而建立合成的铁磁测量模型，如图 5-85 所示。

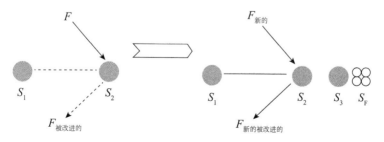

图 5-85　构建合成的铁磁场测量模型

[案例 60] 无磁性的物体表面裂缝检测的物场模型（见图 5-86）。若被检测对象为无磁性的，为增加检测的可控性，在其表面喷涂磁性颗粒材料，就可以对物体表面裂缝进行检测。

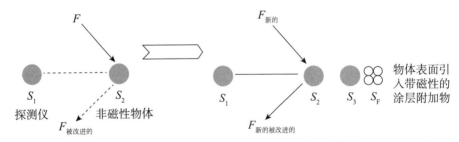

图 5-86　无磁性的物体表面裂缝检测的物场模型

4. 向环境中具有铁磁粒子的铁磁场测量模型转换

为进一步提高系统检测或测量的有效性，需向铁磁场测量模型转换。若系统内的物质既无法直接引入铁磁物质或铁磁粒子，又不能向系统的物质表面直接引入带磁微粒的附加物，则可以在环境中引入含有铁磁粒子的磁性物质，通过检测或测量环境磁场，获取所需信息，如图 5-87 所示。

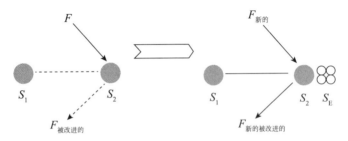

图 5-87　向环境中具有铁磁粒子的铁磁场测量模型转换

［案例 61］如图 5-88 所示，为了分析船在水面航行时波的产生过程，可以向周围环境（水）中引入铁磁粒子，用铁磁粒子取代指示器，在光学场作用下追踪拍摄（或是直接曝光在显示屏上）水中的铁磁粒子。利用所获得铁磁粒子的运动图像，对波的运动特征加以分析。

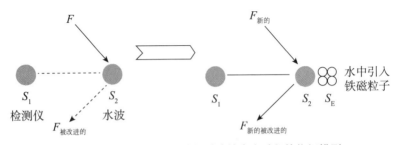

图 5-88　分析船在水面航行时波的产生过程的物场模型

5. 利用与磁场有关的物理效应或自然现象

利用与磁场相关的物理效应或自然现象，以增强系统测量的可控程度和精度，如测量居里效应、超导消失、磁滞现象、霍尔效应等。

［案例64］利用气穴现象能够得到固定、可视的气泡，从而测得管中的空气流速。

（五）测量系统的进化趋势

1. 向双系统或多级测量系统转换

若单独的测量系统不够准确，可采用双系统或多级测量系统。

［案例62］近视者在配眼镜时，验光师通过一系列设备，来测量人眼对某物体的聚焦能力。

2. 测量派生物

为获取所需的参数信息，测量系统可从直接测量对象转为测量该对象的派生物。测量准确度也会随着测量路径的改进而提升。

［案例63］测量速度或加速度，而不是直接测量距离。

五、简化和改善策略的 17 条标准解

（一）引入物质

1. 间接方法

（1）利用"不存在的物质"替代实物，如空间、空洞、真空、空气、气泡等。

当需要向系统引入一种附加物，而任何有形的物体都受到限制时，就采用如空气等"不存在的物质"代替实物作为附加物引入。

［案例64］如图5-89所示，当跳水运动员出现误跳动作时，为避免损伤，教练可直接踩下脚踏板，使压缩气瓶中的压缩空气经由设置于水池下方多孔的水管喷出，使池中的水成为带有泡沫的"软水"。

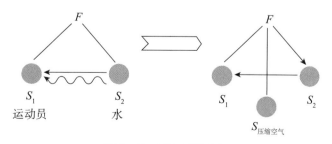

图 5-89　引入压缩空气

（2）引入场替代引入物质。

[案例 65] 检查番茄酱包装袋的密封问题。把盛有番茄酱的包装袋置于真空房中，好的包装袋就会膨胀，而密封性较差的包装袋里的番茄酱就会漏出来。

（3）通过外部的附加物替代内部的附加物。

若确需在系统中引入某种物质，但不能从内部引入时，那么就在系统的外部引入附加物，如图 5-90 所示。

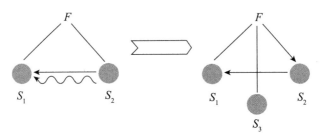

图 5-90　通过外部的附加物替代内部的附加物

[案例 66] 如图 5-91 所示，飞机上备有降落伞，以便在飞机出事时，让飞行员脱险。

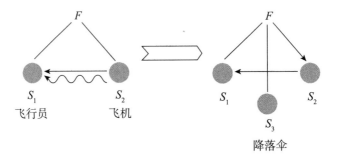

图 5-91　降落伞的物场模型

（4）引入小剂量的高活性附加物。

[案例 67] 为使容易产生爆炸的汽油蒸气不产生，在燃油中添加极少量的聚合物，使燃油由液体转变为凝胶状，从而降低燃油的汽化点。

（5）引入临时的附加物。

[案例 68] 通过引入放射性同位素以检查人体脏器的病变情况，如图 5-92 所示。

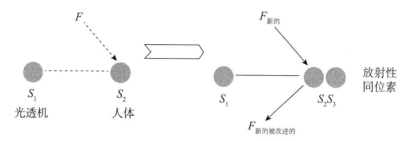

图 5-92 检查人体脏器病变情况的物场模型

2. 将物质分割为相互作用的若干部分

当系统工具不可以被改变，附加物也禁止被引入时，可将物质分割为相互作用的若干部分，从而显著增强系统功效。

[案例 69] 为了凝结灰尘浮质，先把气流分为具有不同电荷的两股气流，然后再让它们相互融合，从而达到很好的凝结灰尘浮质的功效。

3. 引入能够自行消失的附加物

附加物在完成所需的功效后，能在整个系统或周围环境中自行消失或化为和整个系统一样的物质存在。

[案例 70] 射击用的飞碟的物场模型（图 5-93）。在打靶场上，被击碎的飞碟残片对打靶场会产生一定污染作用。利用冰块来制作飞碟，由于冰块对土壤没有伤害，并会自行融化，从而解决了飞碟残片对打靶场的污染问题。

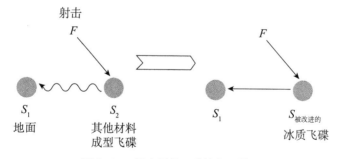

图 5-93 射击用的飞碟的物场模型

4. 利用可扩张结构，向环境中引入空气、泡沫等大量附加物

若系统中不可以大量地引入某种材料，则可以向周围环境中引入如空气或泡沫等可扩张结构材料作为附加物，来完成系统的基本功能。

[案例 71] 如图 5-94 所示，当水槽车内装满水时，为了减少在急转弯时的危险性，可采用轻质浮球遮盖液面，这样即便高速行驶，球下的液面也不会剧烈摇晃。

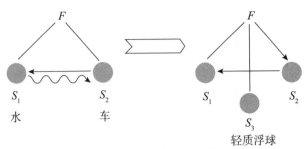

图 5-94　**水槽车的物场模型**

（二）引入场

1. 利用系统中现有的场

应用已有的一种场，来产生另一种场。

[案例 72] 电场产生磁场。

2. 使用环境中已有的场

[案例 73] 电子设备在使用时产生大量的热。这些热可以使周围空气流动，从而冷却电子设备本身。

3. 利用物质生成场

假设需要在系统中引入一种场，上述方法也无法解决时，那就应该在局部利用能够形成场的物质，用来补偿缺陷，从而增加附加功能。

[案例 74] 轿车的暖风功能并没有直接使用燃油，而是利用轿车发动机内的废热，通过冷却水系统，利用热交换器供暖。发动机不仅让轿车运转，也提供了暖风功能。

（三）利用相变

1. 改变相态

通过改变整个或者部分系统的相态，从而改善系统功能。

[案例 75] 潜水者用的氧气瓶的物场模型（图 5-95）。为满足潜水者对氧气的需求，将气态氧加压后变为液态氧，从而大幅增加潜水者携带氧气的量。

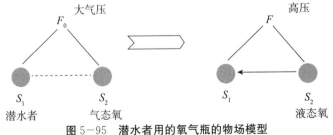

图 5-95　**潜水者用的氧气瓶的物场模型**

2. 相态的动态转换

利用工作条件的变化，从系统内部动态实现相态的转变。

［案例 76］在滑冰过程中，冰刀下的冰转化成水，减少了摩擦力，然后水又结成冰。

3. 利用相变过程中伴随出现的自然现象或物理效应

利用在相变过程中伴随的现象，来提高系统的效率。

［案例 77］搬运冰块时，利用在搬运过程中冰块融化成水的现象，就可以发挥水的润滑功能，从而有效地降低摩擦力，便于搬运。

4. 转换为双相态物质

［案例 78］如图 5-96 所示，利用绝缘金属相变材料制成可变电容器后，其在发热时变成导线，在遇冷时导电性能下降，变成绝缘体，由此实现了调节电容的功能。

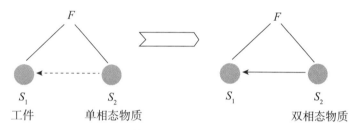

图 5-96　转换为双相态物质的物场模型

5. 利用系统间物理与化学的相互作用

通过系统间的物理和化学作用，实现新物质的生成或消亡，从而改善系统效率。

［案例 79］提高驱动引擎的功率。用某种材料作为热循环驱动引擎的主要工作介质，这种材料在加热时分离，冷却时可再次融合。由于分离的金属材料一般具有相对较低的分子量，所以传热速度更快，从而提高了驱动引擎的输出功率。

（四）利用物理效应或自然现象

1. 利用可逆的物理转换

［案例 80］紫外变色油墨防伪技术。在紫外灯照射下，卷烟的防伪标志会呈现蓝紫色，没有照射的情况下又恢复为白色，可以利用以上特征进行防伪。

2. 强化输出场

［案例 81］真空管、继电器和晶体管，都可以利用很小的电流来控制很大的电流。

（五）产生物质的高级和低级方法

1. 通过分解获取所需的物质粒子

若需研究某种物质粒子，而又无法直接获取，则可通过分解更高一级结构的物质来获取所需的物质粒子。

［案例 82］把含氢的混合物置于密封的容器内加以电解，从而生成氢。

2. 通过合并获取所需的物质粒子

若需研究某种物质粒子，而又无法直接获取，则可通过合并较低结构级别的物质来获取所需的物质粒子。

［案例 83］绿色植物通过吸收水分和二氧化碳，进行光合作用合成多糖，从而促进植物的生长发育。

3. 综合使用以上两种解法以获取所需的物质粒子

［案例 84］如需要传导电流，可先将物质变成导电的离子和电子，离子和电子在脱离电场后，还可以重新结合在一起。

第四节　物场分析理论在专卖执法中的应用

烟草专卖部门作为行政执法的主体，由于其特殊性，备受群众和社会的关注。如何在新形势下保持良好的执法环境，做到公开、公平、公正、透明是眼下的当务之急。

通过物场分析理论，在专卖执法的物场模型中，执法的对象 S_1 是零售户，执法者 S_2 是专卖行政部门的稽查员，如何执法就是两者之间的场 F。但在实际工作中，可能会出现执法不充分或过度执法的情况，这就形成了专卖执法的 3 个基本物场模型，如图 5−97 所示。

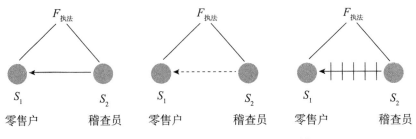

图 5−97　专卖执法不同表现形式的物场模型

　　根据上述物场模型和对应的 76 个标准解，能够找到最终的解决方案。在执法不充分或过度执法的物场模型中，可以采取改变场、改变物质和引入场、引入物质等方法解决问题，具体解决方案见表 5-2。

表 5-2　专卖执法的物场模型及解决方案

问题描述	问题模型	解决方法	解决方案
执法不充分	1. 稽查员准备不充分 2. 执法检查的机制不完善 $F_{执法}$ S_1（零售户）⇠ S_2（稽查员）	改变场	（1）完善执法检查机制 F，如完善联合执法机制 （2）用新场代替 F，如改变执法队伍的构成
		改变物质	（3）替换稽查员 S_2 （4）从内部改变 S_2，如制定前期执法检查的计划或对 S_2 进行培训
		引入场	（5）在 S_1 和 S_2 之间加入一个新的场 F_1，如新的执法方式
		引入物质	（6）在 S_2 的内部引入添加物，如内管部门的设立 （7）在 S_2 的外部引入添加物，如第三方的监督机构 （8）在 S_1 和 S_2 之间引入另一种物质 S_3，如成立针对稽查员的培训班级
过度执法	1. 稽查员过度执法或执法方式不当 2. 执法检查的机制有瑕疵 $F_{执法}$ S_1（零售户）⊣⊢ S_2（稽查员）	改变场	（1）完善执法检查机制 F 或采用新的执法机制 F_1 代替 F
		改变物质	（2）替换稽查员 S_2 （3）从内部改变 S_2，如限定或减少 S_2 的检查范围
		引入场	（4）引入一种新的场 F_1，消除有害的作用，如完善执法检查机制
		引入物质	（5）在 S_1 和 S_2 之间加入一个新的物质 S_3，间接消除有害作用，如成立对稽查员执法检查监督的部门

参考文献

［1］周苏. 创新思维与 TRIZ 创新方法［M］. 2 版. 北京：清华大学出版社，2018.

［2］赵敏，张武城，王冠殊. TRIZ 进阶及实战——大道至简的发明方法［M］. 北京：机械工业出版社，2016.

［3］姚威，韩旭，储昭卫. 创新之道：TRIZ 理论与实战精要［M］. 北京：清华大学出版社，2019.

第六章　矛盾分析理论及应用

第一节　矛盾的概念及分类

矛盾体现了事物彼此间作用、影响的一个特定的阶段，"矛盾"并非指物体，亦并非指实体，只是在实质上归属于事件的特殊属性关联，是体现事件彼此间作用、影响的一个特定的阶段。这个独特的关联便是"对立"关联，正是由于物体相互之间存在着这种"对立"的关系，于是才可能形成对立。

矛盾是管理创新类问题的核心特征，是否存在矛盾是区分普通问题与管理创新问题的标志，确定并解决矛盾就成为实现管理创新的重要任务。

按照矛盾的各种形式，可将矛盾划分为三种，即管理矛盾、技术矛盾、物理矛盾。

管理矛盾是指当管理系统中的某个管理参数得到改善时，可能会引起另外管理参数的恶化，这两种参数之间存在着"此消彼长"的关系。

技术矛盾是在以一种方式去完成所要求达到的功能（有利效应）时，产生了另一方面的不足（不利效应），两种关系之间存在着"此消彼长"的关系。

物理矛盾是指为了实现系统的某种功能，对系统中的一些性能参数或指标提出与之相悖的要求。

技术矛盾和物理矛盾的不同之处是：技术矛盾是指不同性能或技术参数相互之间的矛盾，而物理矛盾则是相同性能或技术参数相互之间的矛盾。

第二节　经典矛盾矩阵

一、经典矛盾矩阵的概念

将 40 条创新原理和 39 个通用工程参数（见表 6-1）相组合，再根据它在技术体系中发生概率的高低，以递减次序编码（1 代表出现频率最高），并由此发明出了经典矛盾矩阵。

表 6-1　39 个通用工程参数

物理及几何参数		技术负向参数		技术正向参数	
参数编号	参数名称	参数编号	参数名称	参数编号	参数名称
1	运动物体的重量	15	运动物体的作用时间	13	稳定性
2	静止物体的重量	16	静止物体的作用时间	14	强度
3	运动物体的长度	19	运动物体的能量消耗	27	可靠性
4	静止物体的长度	20	静止物体的能量消耗	28	测量精度
5	运动物体的面积	22	能量损耗	29	制造精度
6	静止物体的面积	23	物体损耗	32	可制造性
7	运动物体的体积	24	信息损耗	33	操作流程的方便性
8	静止物体的体积	25	时间损耗	34	可维修性
9	速度	26	物体的量	35	适应性及通用性
10	力	30	作用于物体的有害因素	36	系统的复杂性
11	应力或压力	31	物体产生的有害因素	37	控制和测量的复杂性
12	形状			38	自动化程度
17	温度			39	生产率
18	光照度				
21	功率				

二、39 个通用参数的定义

39 个通用工程参数按照编号可以分成三组，一是物理和几何参数：1～12，17～18，21；二是技术负向参数：15～16，19～20，22～26，30～31；三是技术正向参数：13～14，27～29，32～39。

负向参数（Negative parameters）指当这个参量变大时，系统或子系统的特性变差。如子系统中为实现一定的功能而耗费的资源能力（第 19，20 个参数）越大，其设计就越不合理。

正向参数（Positive parameters）指当这个参数变大时，系统或子系统的性能变化较好。如子系统可制造性（第 32 个参数）要求越高，则子系统的建造成本也就越低。

下面我们就来详细描述下每个参数的定义[1]。

（1）运动物体的重量——在重力场中，运动物体所受的重力。如运动物体作用于其支撑或悬挂设备上的作用力。

（2）静止物体的重量——在重力场中，静止物体所受的重力。如静止物体作用于其支撑或悬挂装置上的作用力。

（3）运动物体的长度——运动物体的任何线性长度，不必是最长的，都视为其长。

（4）静止物体的长度——静止物体的任意线性长度，不必是最长的，都视为其长。

（5）运动物体的面积——在运动物体内或外面所有的表面或部分表面的面积。

（6）静止物体的面积——在静止物体内或外面所有的表面或部分表面的面积。

（7）运动物体的体积——运动物体所占用的空间体积。

（8）静止物体的体积——静止物体所占用的空气容积。

（9）速度——物体的运动速率、过程及活动和时间的比。

（10）力——在两个系统间的相互影响。在牛顿力学中，力相当于质量和加速度之积。在 TRIZ 中，力指力图改变物体状态的任何作用。

（11）应力或压力——在单位面积上的力。

（12）形状——物体外形轮廓或系统的外观。

（13）稳定性——系统的整体性和系统组成相互之间的稳定关系。损耗、化学分解和拆卸均会使稳定性降低。

（14）强度——物体抵抗外力作用而使其变化的能力。

（15）运动物体的作用时间——运动物体进行规范动作的时限、服务期。二次误动作之后的持续时间也是作用时间的一个度量。

（16）静止物体的作用时间——静止物体进行规范动作的时限、服务期。二次误动作之后的持续时间也是作用时间的一个度量。

（17）温度——物体或体系所处的热状态，此外还有一些热参数，如直接影响改变物体温度变化速度的比热容。

（18）光照度——在单位面积上的太阳光通量和系统的主要光照特征，如亮度、光线质量。

（19）运动物体的能量消耗——能量是运动物体做功的一种度量。在经典力学上，能量相当于力与距离的乘积。能量可分为电能、热能及核能等。

（20）静止物体的能量消耗——能量是静止物体做功的一种度量。

（21）功率——在单位时间内所做的功，或运用能量的速度。

（22）能量损耗——为了减少能量损失，需要不同的技术来改善能量的利用。

（23）物质损耗——部分或全部、长期或暂时对材料、元器件以及子系统能量和物体上的损失。

（24）信息损耗——部分或整个、长期或暂时性的数据损失。

（25）时间损耗——某个行为的持续时间，时间损耗指对所从事工作没有贡献的时间耗费。

（26）物体的量——材料、元件和子系统等的数量，它能够被部分或全部、暂时或长期地改变。

（27）可靠性——系统在以规定的方式和状态下，实现规定功能的能力。

（28）测量精度——系统特性的实测值与实际值间的偏差。减少的误差将增加测量精度。

（29）制造精度——系统或物体的实际特性与所需要特性相互之间的偏差。

（30）作用于物体的有害因素——物体对受外界以及周围环境中的有害因子所影响的敏感程度。

（31）物体产生的有害因素——有害因素会削弱物体或系统的效能或完成功能的质量。这种有害因素是由于对物体或系统操作的一部分所形成的。

（32）可制造性——物体或系统制作流程的简易、便捷的程度。

（33）操作流程的方便性——所进行的工作可要求较少的操作者、较短的流程，并且采用了尽可能简便的方式工作。一个操作的产出要尽可能大。

（34）可维修性——针对系统中可能发生的故障而实施的时间较短、便捷和简易的维修。

（35）适应性及通用性——物体或系统应对外界改变的能力，以及运用在各种条件下的能力。

（36）系统的复杂性——系统的所有元素数量和复杂性，若用户亦是系统中的元素则将提高整个系统的复杂度。掌握系统的困难程度是其复杂性的一个度量。

（37）控制和测量的复杂性——若某个系统复杂、成本高昂，需较长的时间建设与应用，或部件和部件之间关联复杂，都将增加系统的监控和检测的难度。测量精度高，加大了测量的成本也是测量难度的一个标志。

（38）自动化程度——整个系统或物品在无人操纵的状况下，进行任务的能力。自动化程度的最低等级为完全人工操作。最高级别是机器能自动感知所需要的操作，自动编程并对操作自动监控。中等级别的需要人工编程、人工监控正在完成的动作、修改正在完成的动作和重新编程。

（39）生产率——在单位时限内所进行的工作或执行数。

第三节　四十条常用的技术创新原理

一、技术创新原理的基本概念

创新原理是建立在对上百万份发明专利分析的基础上，蕴含了人类发明创新所遵循的共性原理，是对人类解决创新问题共性方法的高度概括和总结。阿奇舒勒认为，蕴含在这些发明创新现象背后的客观规律可以破解不同方面的相似难题，即为 40 条技术创新原理[2]（见表 6-2）。

表 6-2　40 条技术创新原理

编号	原理名称	编号	原理名称	编号	原理名称	编号	原理名称
1	分割	11	预先防范	21	急速作用	31	多孔材料
2	分离	12	等势性	22	变害为益	32	变换颜色
3	局部特性	13	反向	23	反馈	33	同质性
4	非对称	14	曲面化	24	中介	34	抛弃与修复

续表6-2

编号	原理名称	编号	原理名称	编号	原理名称	编号	原理名称
5	组合	15	动态化	25	自服务	35	状态和参数变化
6	多用性	16	不足或过度作用	26	复制	36	相变
7	嵌套	17	多维化	27	廉价替代	37	热膨胀
8	质量补偿	18	振动	28	替换机械系统	38	强氧化作用
9	预先反作用	19	周期性作用	29	气压或液压结构	39	惰性介质
10	预先作用	20	有效持续作用	30	柔韧壳体或薄膜结构	40	复合材料

下面结合实例对每条技术创新原理进行介绍。

原理1：分割原理。

分割原理是指把一个系统以虚拟或实体的方式分成多个部分，从而整合或分解成某种有益或不利的系统属性，又叫作切割法。该原理有三个方面的含义：

（1）将系统或对象划分成独立的部分。

（2）使系统或对象易于拆解。

（3）增加碎片化或分割的程度。

［案例］

图6-1　成品卷烟的生产由不同生产线的操作人员完成

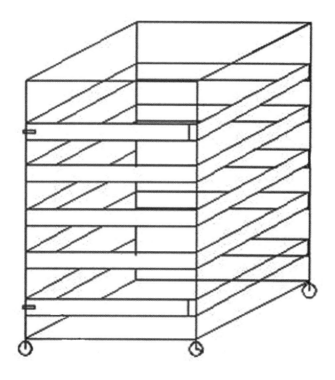

图 6-2　可拆卸转运烟框

图 6-3　烟叶收购的网格化

原理 2：分离原理。

分离原理是指从系统或对象中剥离出产生干扰效果的部分或属性，并单独提取有必要的部分或属性。该原理有两个方面的含义：

（1）把物体中"负面"的部分或属性提取出来。

（2）只选择物体中必需的、有益的部分或属性。

［案例］

图 6-4　打顶抹叉

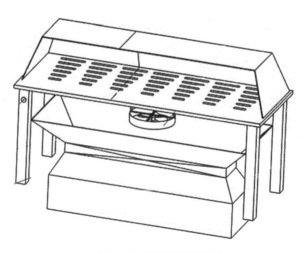

图 6-5　防尘烟叶分级桌

原理 3：局部特性原理。

局部特性原理是指在某些特殊范围内（局部）改善了某种事物（气体、液体或固体的特性），从而达到所要求的功能，又叫作局部质量改善法。该原理有三个方面的含义：

（1）使物体、环境以及外部的平衡结构都变为了不平衡。

（2）将物体的不同部分各具不同功能。

（3）物体的各个部分都维持着各自的最好状况。

［案例］

图 6-6　卷烟特种滤棒

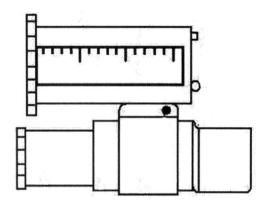

图 6-7　多功能卷烟真伪鉴别器

原理 4：非对称原理。

非对称原理有两个方面的含义：

（1）将对称物体变成不对称。

（2）已经是非对称性的物体，进一步加大了其非对称性程度。

［案例］

图 6-8　不对称剪刀

图 6-9　夯土机

原理 5：组合原理。

组合原理是指在系统的功能、特征及组成部分之间形成某种联系，通过对现有功能进行重组，得到新的功能，又叫作组合法。该原理有两个方面的含义：

（1）将相同或相似的系统或对象放在一起（或合并），组装相似的部件以完成并行操作。

（2）做连续或并行的操作，适时把它们结合到一起。

［案例］

图 6-10　打顶抑芽一体化

原理 6：多用性原理。

多用性原理是指将一个系统变得更加均质与综合，又称一物多用法。

［案例］

图 6-11　闲置烤房种植食用菌

原理 7：嵌套原理。

嵌套原理是指通过某种方式把某个物体置于另一物体的内部，又或者使某个对象借助于另一对象的内部空腔而实现嵌套，即相互吻合、互相配合、内部结合等，又叫作套叠法。该原理有两个方面的含义：

（1）先把某个物体植入另一种物体中，再把另外两个物体植入第三种物体中，如此类推。

（2）让一件事通过另一件事传递。

[案例]

图 6-12 伸缩竿

图 6-13 可拉伸桌椅

原理 8：质量补偿原理。

质量补偿原理是指采用某种对抗或协调的手段来减少或抵消某些影响，或改善某些情况，或补偿系统中的损失，从而形成某种均匀分布形式，提高系统各方面的能力。该原理有两个方面的含义：

（1）把一个物体和另一个能产生上升力的物体组合，以补偿其质量。

（2）利用物体和环境之间的相互作用，对物体的重力进行补偿（利用气体、液体的动力或浮力）。

［案例］

图 6-14　航拍无人机

原理 9：预先反作用原理。

预先反作用原理是指根据可能出现问题的地方，采取一定的措施来消除、控制或防止某些问题的出现，又叫作预加反作用法。该原理有两个方面的含义：

（1）预先施加反作用，用来减少工程完工时的不良效应。

（2）预先增加了作用力/应力/压力，抵消已有的或未来可能会出现的错误。

［案例］

图 6-15　刷漆的树木

图 6-16 混凝土预制梁

原理 10：预先作用原理。

预先作用原理是指在另一个事件出现之前，预定实施该作用的整个事件或部分过程，又叫作预操作法。该原理有两个方面的含义：

（1）预先完成部分或全部所需的操作。

（2）预置有用的物体，使之在需要时能迅速地发挥作用。

［案例］

图 6-17 卷烟物流仓库将销量大的货物放在容易取的货架上

图 6—18　灭火器

原理 11：预先防范原理。

预先防范原理是指对即将出现的事情，预先做出防范措施，从而避免或减少危机的出现。

［案例］

图 6—19　飞机上备的降落伞

原理 12：等势性原理。

等势性原理是指调整工作条件，在势能场内，避免物体发生位移。

［案例］

图 6—20　卸烟时用的可调整高度的传动轮

原理 13：反向原理。

反向原理是指使用一种相反（或反向）力，使物品上下颠倒或内外翻转，又叫作反向作用、反向功能或逆向运作法。该原理有三个方面的含义：

（1）颠倒过去解决问题的办法。

（2）将系统、对象或流程颠倒过来。

（3）将可移动部分（或环境）固化下来，或是将已固化部分重新变为可移动部分。

［案例］

图 6—21　酒芯巧克力的制作

图 6-22 跑步机

图 6-23 在加工过程中将工具转动方向改为工件翻转

原理 14：曲面化原理。

曲面化原理是指使用曲线或球面特征代替直线的属性，即直线运动以旋转代替，通常采用滚筒、球或螺旋构造，又叫作曲化法或类球面法。该原理有两个方面的含义：

（1）把直线或平面变成曲线或曲面，把方形结构变为球形结构。

（2）把线性运动转换为旋转运动。

[案例]

图 6-24　平路跑步变成环形跑道跑步

图 6-25　旋转楼梯

原理 15：动态化原理。

动态化原理是指将体系的状况或性质，变成暂时的、可动的、自适应的、柔性的或可变化的，又叫作动态特性法。该原理有三个方面的含义：

（1）改造内部物体或外部的环境，从而获得最佳性能。

（2）把一个物体分为多个彼此可改变方位的部分。

（3）把本来不能运动的物体变成可运动的、可移动的。

［案例］

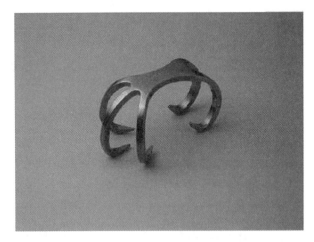

图 6-26　形状记忆合金

图 6-27　洗衣机排水管

原理 16：不足或过度作用原理。

不足或过度作用原理是指通过稍微未达到或稍微超过预期效果来达到最终目的，又叫作局部作用或过量作用法。

［案例］

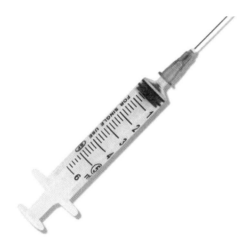

图 6—28　注射器先吸再排出多余液体

原理 17：多维化原理。

多维化原理是指通过变换线性系统的运动方向，将它由垂直变成水平、水平变为对角或水平变为垂直等，又叫作多维法。该原理有四个方面的含义：

（1）将物体由一维变为二维或由二维变为三维空间的运动。

（2）利用多层结构替代单层结构。

（3）将物体倾斜或侧向放置。

（4）利用物体提供面的反面。

［案例］

图 6—29　烟叶的码垛

图 6—30　多层集成电路结构

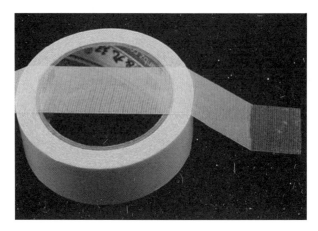

图 6—31　双面胶

原理 18：振动原理。

振动原理是指利用振动或振荡，把某种规律性的、周期性的变动包含在某个平均值附近，又叫作振动法。该原理有五个方面的含义：

（1）使物体振动。

（2）提高振动频率。

（3）利用物体共振频率。

（4）利用压电振动代替机械振动。

（5）电磁场综合利用。

[案例]

图 6－32　低频振动烹饪机

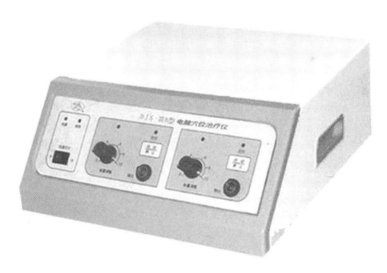

图 6－33　胆结石手术仪

图 6-34　石英表晶体驱动

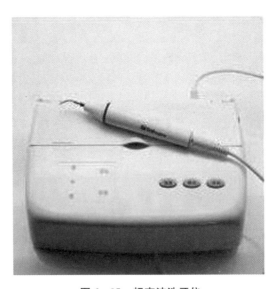

图 6-35　超声波洗牙仪

原理 19：周期性作用原理。

通过有节奏的行为（操作方式）、振幅或频率的变化以及脉冲间隔，来实现周期性作用。

该原理有三个方面的含义：

（1）用周期性动作（或脉动）替代持续动作。

（2）如果动作已是周期性的，则可变换其周期幅度或频率。

（3）在动作之间使用暂停，以便执行不同的动作。

［案例］

图 6－36　警车的闪烁和鸣笛

图 6－37　调频收音机

图 6-38　充气钻

原理 20：有效持续作用原理。

在时间、顺序、物质组成或范围上，建立连续的流程并消除所有空闲及间歇性动作以提高效率。

该原理有两个方面的含义：

（1）始终使系统或对象的某些部分在最佳条件下工作。

（2）消除一切多余或闲散的行动和任务。

［案例］

图 6-39　汽车在停车时，利用飞轮贮存动能，以便随时启动

图 6-40　打印机头在回程时也进行了打印操作

原理 21：急速作用原理。

急速作用原理是指某事物在某个既定速度内发生了问题，将其速率提高，或迅速进行一种危险或不利的作业，以减少副作用。

［案例］

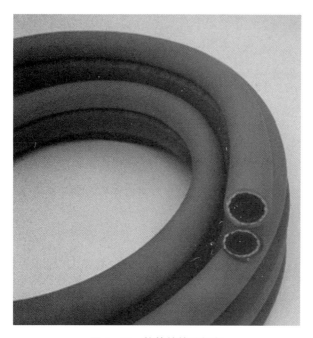

图 6-41　软管的快速切割

原理 22：变害为益原理。

变害为益原理是指害处已经存在，通过各种方法从中获得有益的价值，又叫作变有害为有益法。该原理有三个方面的含义：

（1）利用有害的因素，以达到最有利的效应。

（2）将物体的不利影响和另一种不利因素组合，以减少不利影响。

（3）加大有害因素的程度，使之不再有害。

［案例］

图 6—42　利用烤烟秸秆做生物质燃料

图 6—43　发电厂用炉灰的强碱性中和废水产生的酸性

图 6-44 在森林灭火时，预先用燃烧了的草木，形成隔离带以阻止火势扩散

原理 23：反馈原理。

反馈原理是指将一种系统的输出作为输入返回到系统中，以便增强对输出的控制，又叫作反馈法。该原理有两个方面的含义：

（1）引入反馈，改善性能。

（2）若反馈已产生，则可变换反馈方法、调节反馈信息的大小及灵敏度。

［案例］

图 6-45 烟叶农残控制机制

图 6－46　烟叶农残快检并及时反馈

原理 24：中介原理。

该原理有两个方面的含义：

（1）使用中间载体或中介程序。

（2）将某个系统或对象暂时地和另一种系统或对象结合。

［案例］

图 6－47　利用热风烘烤烟叶

原理 25：自服务原理。

自服务原理是指在实施主要功能（或操作）时，以辅助或并行的方法实施相应功能（或操作），又叫作自助法。该原理有两个方面的含义：

（1）使系统或对象自动执行功能。

（2）利用废弃的物质资源及能源。

［案例］

图 6-48 发动机采用了具有修复缸体磨损功能的特种润滑油

图 6-49 利用废弃地膜做花盆

原理 26：复制原理。

复制原理是指通过使用一种拷贝复制品或模型，来取代因成本过高而无法使用的新事物，又叫作复制法。该原理有四个方面的含义：

（1）用简单和廉价的复制品取代复杂的、不易使用的、不易获得的或易损、易碎、价格较昂贵的物体。

（2）用光学复制品或图像取代实体，图像可以按比例放大或变小。

（3）如果已经使用了替代品，就换一个角度看待或使用这个替代品。

（4）用数字化复制。

［案例］

图 6－50　烤烟仿制样品

图 6－51　卷烟荧光紫外防伪

原理 27：廉价替代原理。

廉价替代原理是指通过使用廉价的、相对简易的或较易处理的对象，从而降低成本、提高便利性、延长使用寿命，又叫作替代法。

［案例］

图 6-52　一次性漂盘

原理 28：替换机械系统原理。

替换机械系统原理是指使用物理场或其他的物理结构、作用和状态来代替原有的相互作用、机构、系统或装置，又叫作系统替代法。该原理有四个方面的含义：

（1）用感官系统（光学、声学、味觉、嗅觉）代替机械系统。

（2）利用电场、磁场和电磁场与物体之间进行作用。

（3）场的替换：用变化场取代恒定场，用随时间改变的场取代固定场，用有组织结构的场取代随机场。

（4）将磁场与强磁力下的铁磁粒子结合使用。

［案例］

图 6-53　静电除尘

图 6-54　采用定向发射方式的天线替换早期全方位检测的通信设备

图 6-55　铁磁催化剂

原理 29：气压或液压结构原理。

气压或液压结构原理是指利用空间或液压技术来替代一般的系统部件或功能，又叫作压力法。

[案例]

图 6-56　卷烟生产压缩空气提供动力

原理 30：柔韧壳体或薄膜结构原理。

柔韧壳体或薄膜结构原理是指将常规构造替换成薄膜或柔性壳体的结构。
该原理有两个方面的含义：

（1）用精简而灵活的构件代替更大的、三维的复杂结构。

（2）柔性壳体或薄膜材料使物质和外部环境分离。

[案例]

图 6-57　烤烟育苗用的塑料大棚

图 6-58　塑料打包膜包裹卷烟

原理 31：多孔材料原理。

多孔材料原理是指利用在材料表面或对象中钻孔、打开空腔或通道等方式来增强其多孔性，以改善某些气体、液体或固体的形状，又叫作孔化法。该原理有两个方面的含义：

（1）为系统或对象添加"孔"元素。

（2）如果一个物质已成为多孔的，可从孔隙中引入有用的物质或功能。

［案例］

图 6-59　烤烟育苗基质中使用膨胀珍珠岩

图 6—60　药棉

原理 32：变换颜色原理。

变换颜色原理是指利用改变对象或系统的色彩特征，来增加系统的价值或处理检测问题，又叫作色彩法。该原理有四个方面的含义：

（1）改变物体或周围环境的颜色。

（2）改变难以看到的物体及过程的透明度，以提高可视性。

（3）采用有色附加物，增强物体的视觉性。

（4）如果产品已采用了荧光物质，则可以通过发光来跟踪物质。

［案例］

图 6—61　变色墨镜

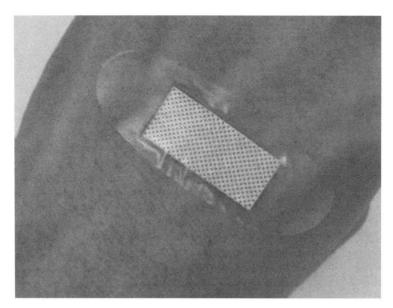

图 6－62　透明创可贴

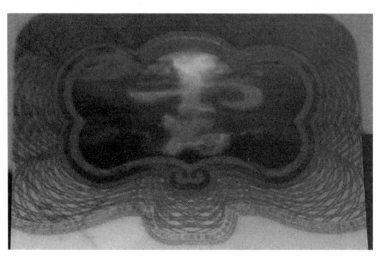

图 6－63　紫外灯鉴别卷烟

图 6－64　免疫荧光染色

原理 33：同质性原理。

同质性原理是指采用相同或相似的物体制造与某物体相互作用的物体。

［案例］

图 6－65　以金刚石粉粒作为切割金刚石的工具

原理 34：抛弃与修复原理。

抛弃与修复原理是指抛弃原理和修复原理的组合，其中抛弃是从原系统中去掉某事物，修复是将某事物恢复到原系统中以实现再使用，又叫作自生自弃法。该原理有两个方面的含义：

（1）在操作过程中，对已完成功能的系统或对象可以直接放弃或直接地对它们进行调整。

（2）在工作流程中，能量耗尽或降低的部分自动再生。

［案例］

图 6－66　卷烟机的更新换代

图 6－67　自动铅笔

原理 35：状态和参数变化原理。

状态和参数变化原理是指通过改变某个对象或体系的多种物理或化学参数，来实现某种好处，又叫作性能转换法。该原理有四个方面的含义：

（1）改变物体的物理状态。

（2）改变物体的浓度或密度。

（3）改变适应性程度。

（4）改变物体的温度或体积。

［案例］

图6-68　片烟压缩打包

图6-69　烤烟的粉碎压缩

图 6-70　不同地市的畅销卷烟

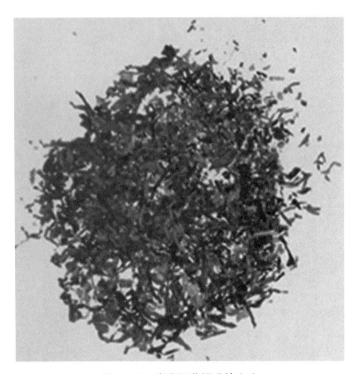

图 6-71　膨胀烟草提升填充度

原理 36：相变原理。

相变原理是指通过对某种材料性质或情况的转变，来实现某种效应或效果，又叫作形态改变法。

［案例］

图 6－72　二氧化碳膨胀烟丝生产线

原理 37：热膨胀原理。

热膨胀原理是指通过物体的受热膨胀原理，热能转化为机械能或机械作用，又叫作热膨胀法。该原理有两个方面的含义：

（1）使用热膨胀或冷/热收缩物质（或材料）。

（2）组合用于产生各种热膨胀系数的物体。

［案例］

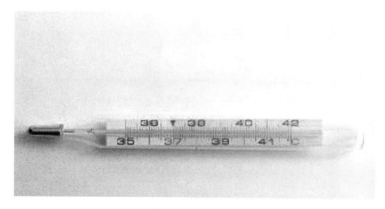

图 6－73　温度计

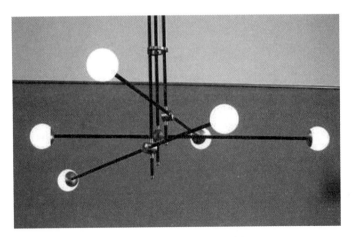

图 6-74　镍钛合金制作的灯

原理 38：强氧化作用原理。

强氧化作用原理是指利用加速氧化过程或增加氧化作用强度，来改善系统的作用或功能，又叫作逐级氧化法。该原理有四个方面的含义：

（1）用富氧替代普通空气。

（2）用纯氧替代富氧。

（3）使用离子化氧代替纯氧。

（4）使用臭氧替代离子化氧。

［案例］

图 6-75　水下循环系统中储存的浓缩空气

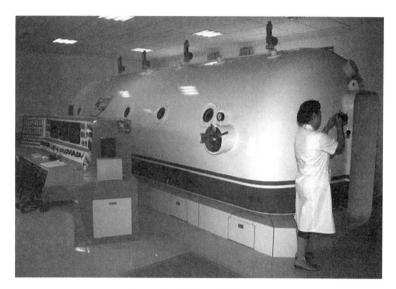

图 6−76 高压氧舱治疗疾病

图 6−77 空气净化器

图 6-78   使用臭氧消除船舶上的有机污染

原理 39：惰性介质原理。

惰性介质原理是指制造一个中性（惰性）工作环境，从而实现所要效果的方法，又叫作惰性环境法。该原理有三个方面的含义：

（1）用惰性气体环境替代通常环境。

（2）将中性或惰性气体同另一物质融合。

（3）利用真空环境。

［案例］

图 6-79   用氩气等惰性气体填充灯泡的霓虹灯

图 6-80　高保真音箱中使用泡沫吸收音频振动

图 6-81　真空包装食物可延长食物贮存期

原理 40：复合材料原理。

复合材料原理是指将材质单一的材料改为复合材料。

［案例］

图 6-82　滤嘴中复合材料的使用

第四节　冲突与分离原理

冲突是指为了实现某种功能或目的，针对系统的某一个参数提出了互斥的要求[3]。矛盾的后面总是隐含着冲突，而矛盾又往往总是能够转变为冲突。因而，冲突成了最尖锐、最核心的矛盾类型。

对于矛盾的两个参数 A 与 B，通常都要找出一个参数 X，使改善的参数 A 与 X 相关，而恶化的参数 B 与 -X 相关，将发明过程中的矛盾转化为冲突，并利用分离原理加以解决。

时间分离是指在处理冲突的过程中，考虑使对某一参数的互斥要求存在于不同的时间中，即在某时间内满足 A 需求，在另外一个时间内满足 -A 需求。

［案例］

图 6-83　折叠伞

空间分离是指在处理冲突的过程中，考虑使某一参数的互斥要求同时存在于不同的空间中，亦即在某空间中满足 A 需求，在另外一个空间中满足－A 需求。

［案例］

图 6-84　鸳鸯火锅

系统分离是指在处理冲突的过程中，考虑使对某一参数的互斥需求同时出现于整个系统各个层级下（包括超系统、系统、子系统等不同级别），亦即当某系统（层级）中满足 A 需求，在另外一个系统（层级）满足－A 需求。

［案例］

图 6－85　自行车链条的多铰链结构

条件分离是指在处理冲突的过程中，考虑使对某一参数的互斥需求产生在不同的要求下，亦即在某要求下满足 A 需求，在另外一个条件下满足－A 需求。

［案例］

训练池里的水要软，以减少水流对选手身体的冲击，但同时也要求水流必须硬，以支撑选手的身体。而水流的软硬取决于入水者入水的快慢，如果相对速度较高，则水流是硬物质，反之是软物质。

图 6－86　水中充入气泡

必须指出的是，条件分离是对上述三种分离原理的总结与提炼，是处理冲突的最根本思想，当条件不同时，空间、整体与部分被认为是必要条件，而将条件分离原理独立作为分离原理是因为其应用频率相对较高。

第五节　管理矛盾的最新研究

一、管理矛盾矩阵

管理矛盾矩阵是将 40 个发明原理同 31 个管理参数相结合而总结出来的[4]。

管理矛盾矩阵同时也是一个二维表格，用户可在纵向排列的 31 个管理参数中，选择要解决的一个，然后在横向排布的 31 个管理参数中找出恶化的一个，在横纵相交的选项卡中找出对应的发明原理，根据发明原理的提示，构建概念性的解决方案。

一些学者在研究了通用工程参数后，面对千千万万个具体的管理问题，总结了 31 个管理参数来具体描述和刻画矛盾（见表 6-3）。

表 6-3　31 个管理参数

参数编号	参数名称	参数编号	参数名称	参数编号	参数名称
1	研发能力	11	供应能力	21	顾客反馈
2	研发成本	12	供应成本	22	信息总量
3	研发时间	13	供应时间	23	沟通渠道
4	研发风险	14	供应风险	24	影响系统的有害因素
5	研发界面	15	供应界面	25	系统产生的有害作用
6	产品质量	16	售后支持质量	26	便利性
7	产品成本	17	售后支持成本	27	适应性/通用性
8	产品时间	18	售后支持时间	28	系统的复杂程度
9	产品风险	19	售后支持风险	29	控制的复杂性
10	产品界面	20	售后支持界面	30	紧张/压力
				31	可靠性

二、31 个管理参数的定义

表 6-3 中的前 20 个参数根据适用情境可分为研发、产品、供应和售后支持。

(一) 研发

研发是指所有与概念化有关的活动，包括实验、功能测试，以及验证任何一种新颖的产品、流程或服务，然后将其作为最终产品提供给顾客的整个过程。

1. 参数 1：研发能力

研发能力是指与产品、流程或服务的质量相关，涉及在研发过程中实现预定目标的质量、方式和效率。研发能力同时包括有形和无形的要素，如知识、情感因素等，以及实际的人工制品或功能服务等。

2. 参数 2：研发成本

研发成本是指在研发过程中直接的或间接的、可见的或不可见的、有形的或无形的研发费用。其隐含意义意味着对金钱或其他形式财务资源的浪费。

对技术密集型企业，研发成本占整个成本的很大一部分。

3. 参数 3：研发时间

研发时间是指在研发过程中可见的或不可见的、有形的或无形的时间和付出。但如果我们的主要关注点是财务影响，而不是实际耗费的时间本身，则优先使用研发成本参数。

4. 参数 4：研发风险

研发风险是指在研发过程中与失败发生的可能性或将导致偏离既定计划所带来的相关后果。风险与质量规格、时间或成本等都有关。但此参数主要让用户把注意力集中在一般意义的风险上（比如技术成熟度等相关因素）。

5. 参数 5：研发界面

研发界面是指在研发过程中，在不同系统之间存在的连接因素。界面可以是内部的或外部的，可以是官方的或非官方的，也可以是有形的或无形的因素，比如语言、文字、法律等。

(二) 产品

产品是指以商品形态供应于市场，在人们使用与消费活动中，能够满足特定需要的全部东西，包括有形的东西、无形的服务、观念、组织或其中任意的集合。在制造业，产品意味着将设计者的意图转化为消费者最终所能接受的制品。在服务业领域，它意味着将顾客的期望转换成为他们可以接受的输出。"产品"在互联网时代的语境下也可以指顾客给提供服务的供应商指令，直到这个指令被成功和满意地执行的整个过程。

1. 参数 6：产品质量

产品质量是指产品满足潜在和规定需要的特性和特征的总和。

2. 参数 7：产品成本

产品成本是指在产品的生产制造或流通过程中直接或间接的、可见的或不可见的、有形的或无形的与财务活动相关的一切因素。

3. 参数 8：产品时间

产品时间是指在产品的生产制造或流通过程中完成任务所需的可见或不可见的、有形或无形的时间和付出。

4. 参数 9：产品风险

产品风险是指在产品的生产制造或流通过程中与失败或偏离既定计划所相关的后果。风险与质量规格、时间或成本等都有关。

5. 参数 10：产品界面

产品界面是指在产品的生产制造或流通过程中，在不同系统之间存在的连接因素。

（三）供应

供应是指满足供给所需要的物资或服务。在通常的语境下，"供应"可以被解释为与"包装"有关的所有逻辑要素，包括交通运输、交付、打开包装、确认顾客预订的东西已经被投送出去等。在服务部门，"供应"可以被解释为提供顾客所需服务的活动集合。"供应"还意味着一个组织向他的顾客以品牌、广告、店面等多种形式进行展现。

1. 参数 11：供应能力

供应能力是指所生产产品的质量和完成整个生产过程的水平。供应能力既是有形元素也是无形元素，包括知识、情感因素、物理人工制品和提供某种功能的服务。

2. 参数 12：供应成本

供应成本是指在供应过程中直接或间接的、可见的或不可见的、有形的或无形的与财务活动相关的一切要素。

3. 参数 13：供应时间

供应时间是指在供应过程中完成任务所需的可见或不可见的、有形或无形的时间和付出。

4. 参数 14：供应风险

供应风险是指在供应过程中与失败发生的可能性或将导致偏离既定计划所带来的相关后果。风险与质量规格、时间或成本等都有关。

5. 参数 15：供应界面

供应界面是指在供应过程中，在不同系统之间存在的连接因素。

（四）售后支持

售后支持是指在顾客接受和购买他们预订的产品和服务之后的所有活动。以生产企业为例，售后支持包含产品的使用指导或培训（以确保其可用性）、维护（以保障其可靠性）、维修（以延长其使用寿命）以及升级（以确保产品未来可用性）等。而对于服务企业，售后支持则表示与顾客有关的多种活动，包括与顾客建立联系的第一次活动开始后的所有售后服务活动。对于不同的产品/服务，"售后支持"活动的延续时间可能从几分钟到几十年。随着服务业占比越来越高，企业从仅提供产品向提供功能和"体验"的服务转变，因此提供售后支持服务变得越来越重要。

1. 参数 16：售后支持质量

售后支持质量是指在售后服务或支持过程中，与产品、过程和服务有关的各种质量。从广义上讲指的是生产产品的质量和完成生产过程的手段或能力。售后支持质量既是有形元素又是无形元素，包括知识、情感因素、物理人工制品和提供某种功能的服务。

2. 参数 17：售后支持成本

是指在售后服务或支持过程中直接或间接的、可见的或不可见的、有形的或无形的与财务活动相关的一切要素。

3. 参数 18：售后支持时间

售后支持时间是指在售后服务或支持过程中完成任务所需的可见的或不可见的，有形的或无形的时间和付出。

4. 参数 19：售后支持风险

售后支持风险是指在售后服务或支持过程中导致偏离既定计划所带来的相关后果。风险与质量规格、时间或成本等都有关。

5. 参数 20：售后支持界面

售后支持界面是指在售后服务或支持过程中，在不同系统之间存在的连接因素。

（五）其他参数

1．参数 21：顾客反馈

顾客反馈是指描述客户到供应商的信息回路。顾客反馈的关键在于缩短从客户到供应商的回路，包括有形的或无形的、潜意识的或有意识的、明确的或隐含的、一次性的或可再生的。

2．参数 22：信息总量

信息总量是指系统的信息资源的数量、质量的总数。"信息"可以按照最常见的形式来解释，即个人、部门、区域或系统之间相互传递的任何形式的信息。

3．参数 23：沟通渠道

沟通渠道是指沟通过程中的渠道、能力、方式及策略，该参数侧重沟通过程中信息的流动而不是沟通行为本身。

4．参数 24：影响系统的有害因素

影响系统的有害因素是指在系统周围产生的对系统的有害作用的所有动作或现象，是系统外部施加给系统的有害作用。

5．参数 25：系统产生的有害作用

系统产生的有害作用是指系统内部对系统产生的任何形式的低效率或者负面作用，是系统产生并施加给外部的有害作用。

6．参数 26：便利性

便利性是指人们能够学习、操作或控制一个系统的方便程度，这个系统可以是一个产品、流程或服务。

7．参数 27：适应性/通用性

适应性/通用性是指一个系统、组织或人对外部变化进行响应的程度，即操作或使用的灵活程度，可定制程度。

8．参数 28：系统的复杂程度

系统的复杂程度是指要素、人、元件等的数量和多样性程度及它们之间的相互关系，包括在系统边界之内和在系统边界流动的部分。这个系统可以是一个组织，也可以是组织与组织的结合。影响系统复杂性的因素包括功能数、界面数、连接数。

9．参数 29：控制的复杂性

控制的复杂性是指系统控制手段变得复杂，其目的是更好地促进系统发挥其有用功能。

10. 参数 30：紧张/压力

紧张/压力是指迫使一个人或组织走出它的舒适区。紧张是外部影响的结果，它是与接受者的感知、信念或行为相冲突的。压力导致的后果比紧张更为严重，压力会在内部影响超出极限水平并出现冲突时产生。但是在另一个极端，缺少压力或紧张感也会导致一些问题。

11. 参数 31：可靠性

可靠性是指系统能够正常执行其功能的能力。这个参数能够被应用于宏观（系统）或微观（个人）层次。

三、40 条管理创新原理

类似于 40 条技术创新原理，研究者从大量管理创新方案中提炼出 40 条管理创新原理（见表 6-4）。

表 6-4　40 条管理创新原理

编号	原理名称	编号	原理名称	编号	原理名称	编号	原理名称
1	分割	11	预先防范	21	快速作用	31	多孔性
2	抽出	12	消除紧张感	22	变害为益	32	变换颜色
3	局部特性	13	反向	23	反馈	33	同质性
4	不对称	14	曲面化	24	中介	34	自弃与修复
5	组合	15	动态性	25	自服务	35	状态和参数变化
6	多用性	16	不足或过度作用	26	复制	36	范式转变
7	嵌套	17	多维化	27	廉价替代	37	相对变化
8	平衡补偿	18	振动	28	应用多种感官	38	改善气氛
9	预先反作用	19	周期性作用	29	提高流动性	39	缓和气氛
10	预先作用	20	有益行为的持续作用	30	柔性	40	复合结构

管理创新原理中大部分与技术创新原理一样，但有个别不同之处，下面我们针对这些不同的原理展开叙述。

1. 原理 12：消除紧张感原理

消除紧张感原理是指通过创造条件，以减轻或消除可能产生的紧张感。

［案例］

图 6－87　入职后的试用期

2．原理 36：范式转变原理

范式转变原理是指利用经济发生颠覆性转变时带来的机会。

［案例］

图 6－88　手机换代

3．原理 37：相对变化原理

相对变化原理是指通过某种物质或状态的相变，实现某些作用或引起特定系统的变化，又叫作形态改变法。该原理有两个方面的含义：

（1）充分利用对象或系统之间存在的相对差异性，以达到目的。

（2）使系统的不同部分对变化做出不同的反应。

［案例］

图 6-89　腾讯公司的两大聊天工具

4. 原理 38：改善气氛原理

改善气氛原理有两个方面的含义：

（1）用一个更加热烈的气氛替换普通的氛围。

（2）利用热烈的气氛中包含的潜在的不稳定因素。

［案例］

图 6-90　公司年会中的小游戏

5. 原理 39：缓和气氛原理

缓和气氛原理是指改变原有的气氛或环境。该原理有两个方面的含义：

（1）用新环境替代正常环境。

（2）把中性部件或元素注入整个系统或对象中。

图 6—91　电影院营造一种舒适的观影环境

图 6—92　办公楼中的休闲区

第六节　矛盾分析应用案例

通过前面的介绍，我们对矛盾的定义、矛盾矩阵以及常用的发明原理有了简单的了解。如图 6-93 和图 6-94 所示，通过找矛盾、查原理、找思路的流程分析来解决一些问题就变得相对简单。

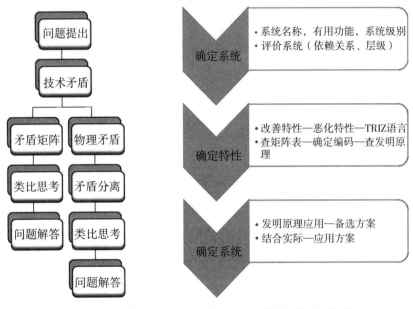

图 6-93　**矛盾解决流程**　　　图 6-94　**矛盾矩阵应用流程**

下面以卷烟样品智能派送与转运车专利[5]的研发案例进行分析。

通常情况下，卷烟质检部门每年接收的样品在几万个左右，而且大部分样品都以邮寄的形式送至质检部门检测，这就导致在收发样品的过程中，巨大的人力都浪费在拆解包裹以及核查、录入委托单这一阶段。为了提高工作效率，减少检验前期的工作时间，就需要更多人手收发样品，这样势必带来成本的提高。按照矛盾分析解决问题的流程，我们可以将上述管理矛盾表述为：为了提高系统的售后服务水平，可能会导致系统成本的增加。

通过查找管理矛盾矩阵，找出对应的发明管理原理。运用分离原理，提出解决方案为将售后服务外包给物业，也就是将拆解包裹、核对委托的事项交由物业人员来开展。运用自服务原理，提出解决方案为指定专人开展收发样品工作。运用预先作用原理，提出解决方案为事先在系统中录入样品的正确信息，若录入过程中出现错误，会提示红色。运用改变状态和参数原理，提出解决方案为利用新技术，开发一种可以实现智能收发卷烟样品的转运车，变人工收发样为车收发样。最终确定设计一种卷烟样品智能派送与转运车，如图6-95所示。这种智能派送与转运车包括存储器、处理器、通信模块和室内行走机器人装置等。

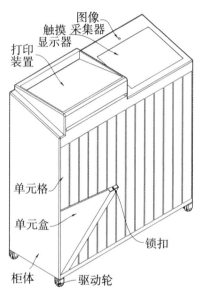

图6-95　卷烟样品智能派送与转运车

　　具体来说，这种转运车的柜体上水平并列设置有多个单元格，每个单元格内分别安装了单元盒。单元盒下端与单元格铰接，单元盒上端装配有锁扣，锁扣与单元格上顶面内置的电子锁配合，实现单元盒的开启与关闭。单元盒下底面与单元格下表面间设置有弹性装置，锁开启，单元盒会被自动弹开，便于放入卷烟样品和取出卷烟样品。上述单元格为直角梯形或直角三角形，便于放/取卷烟样品。

　　使用时，每个委托人可以选择一个或多个单元盒，放入一个或多个卷烟样品。新型柜体和单元格、单元盒的设计，巧妙地结合了条烟盒的特点，设计紧凑，一个单元盒可以放入多个样品，一个柜体可以接收并存放多个委托人提交的样品。

　　卷烟样品智能派送与转运车还包括图像采集器，用于获取图像信息和文字信息。图像采集器安装于柜体顶部，与处理器信号连接。打印装置，用于打印委托书文件。打印装置安装于柜体顶部，与处理器信号连接，接收处理器的打印指令。触摸显示器，用于输入委托检测信息、显示委托流程和提示信息。触摸显示器安装于柜体顶部，与处理器信号连接。

处理器执行所述程序的步骤如下：

（1）通过图像采集器或触摸显示器获取卷烟样品委托检测信息；

（2）通过图像采集器获取卷烟样品的外包装信息；

（3）根据匹配委托检测信息和外包装信息，获得第一存放指令，将卷烟样品存放于第一单元格；

（4）根据第一存放指令获取第一取件指令，第一取件指令为第一检测人员开启第一单元格的指令；

（5）根据第一取件指令，室内行走机器人装置从第一区域行走至指定第二区域；

（6）根据第一取件指令，打开智能锁，开启第一单元格；

（7）打印装置执行委托检测信息打印任务。

参考文献

[1] 周苏. 创新思维与 TRIZ 创新方法 ［M］. 2 版. 北京：清华大学出版社，2018.

[2] 赵敏，张武城，王冠殊. TRIZ 进阶及实战——大道至简的发明方法 ［M］. 北京：机械工业出版社，2016.

[3] 高常青. TRIZ 产品创新设计 ［M］. 北京：机械工业出版社，2018.

[4] 姚威，韩旭，储昭卫. 创新之道：TRIZ 理论与实战精要 ［M］. 北京：清华大学出版社，2019.

[5] 中国烟草总公司西藏自治区公司，中国烟草总公司四川省公司. 一种卷烟样品智能派送与转运车：CN202021612296. X ［P］. 2021-04-09.

第七章　流分析理论及烟草企业
创新案例分析

烟草行业是我国国民经济的重要组成部分。推动建立现代化烟草经济体系，加快高质量发展，是烟草行业贯彻落实党中央、国务院决策部署的重要举措。当前，烟草行业在经营管理中还存在一些与高质量发展不相适应的短板和问题，这就要求烟草企业除旧革新，加大管理和科技创新力度。流分析作为TRIZ创新理论的重要内容，是用以解决改革发展难题的系统化方案，为深入推进企业经营管理等各项工作创新提供了新的途径。

流分析是TRIZ中的一个重要概念，是系统分析和解决问题的重要方法。不同于传统的相对固定或者静止的分析，流分析是对系统以及环境运动的动态分析。系统中引入流，相应的系统便具有了活力和动力。通过动态分析，我们可以构建系统以及环境和通道的模型。这种模型能够助推烟草企业分析物质流动和结构变化，进而分析出缺陷和问题，并按照流优化的改进措施来解决，以便优化系统运行。

第一节　流分析理论基本概念

一、基本概念

流，一般是指水的流动，在TRIZ中是系统化分析和解决问题的方法之一。流分析，主要是指从物质、能量（场）和信息三个维度，综合分析流在系统以及环境中的运动，进而构建系统以及环境的模型，实现系统的最佳运行。流分析理论在管理创新过程中是一种管理问题的系统化解决方案。

二、流的属性和分类

流是动态的，本身具有多重属性，连续性和运动性是其基本属性。流的本体，具有质量、密度等属性；流的形状，具有长、短等特性；流的长度，具有可测量、不可测量等特征；流的通道，具有畅通、阻滞等属性。基于流的属性，进行系统化的分析以解决问题，是流分析的主要内容。

流主要分为以下几类。

（1）有益流：在系统、环境或者流通道中，发挥积极作用或者提高导通率的流。比如，高速铁路，通过减少经停站、提高运行速度和效能来提高铁路运输的导通率。

（2）有害流：在系统、环境或者流通道中，产生有害作用或者降低导通率的流。比如，突发交通事故，致使事故路段通行不畅甚至堵车。

（3）不足流：在系统、环境或者流通道中，发挥作用不够、导通率不足的流，是一种利用率有限、难以满足基本需求或功能的流。比如，手机移动网络在地下室、山林中总是信号很弱，难以正常通话。

（4）过度流：在系统、环境或者流通道中，发挥作用过度进而影响整体导通率的流，是一种超出基本需求或功能的流，属于过量的流。比如，暴雨引发的洪水，致使河道水位上升，虽然提升了船只的导通率，但是也引发了相应的灾害，带来了安全隐患。

（5）浪费流：在系统、环境或者流通道中，浪费具有积极作用或者价值的流，是一种损失物质、能量、信息等的流。比如，石油天然气在运输过程中会产生一定的损耗。

（6）反流：在系统、环境或者流通道中，与具有某种特性的流相反的流。比如，在公路上逆向行驶的车辆，与正常行驶的车辆成为反流，阻碍正常的交通秩序。

（7）中性流：在系统、环境或者流通道中，常规化运行的流，是一种对系统、环境或者流通道本身没有好坏影响的流。比如，石油运输管道中的空气流，对于流动的石油及其所在的管道本身没有好坏的影响，就是一种不可避免的常规存在。

（8）复合流：在系统、环境或者流通道中，同时具有多种特性或不同类别的流。比如，上下班高峰期，学校门口的公路上，不仅有汽车流，还有非机动车流和人流。

（9）单一流：在系统、环境或者流通道中，只有某一种特性或者某一种类的流。比如，在铁轨上只有火车通行。

三、流的区域概念

流，往往在系统、环境或者通道内运行。流在系统、环境或者通道内的不同区域，与其所在系统、环境或者通道和作用对象的相互作用，会产生不同的结果。因此，需要明确不同区域的概念，以便研究流分析理论及其应用。流的区域主要可分为以下几类。

（1）灰色区域：在系统、环境或者通道中运行时，无法准确掌握流运行情况的区域。

（2）瓶颈区域：流在系统、环境或者通道中运行时，通过阻力加剧或者阻力最大的区域。

（3）停滞区域：流在系统、环境或者通道中运行时，长期或者短时间停滞的区域，表现为导通率差、通道阻力过高、密度过低等。

四、有害流的相关概念

流会随着自身的运行流转和外部因素相互作用，产生对系统、环境、通道有害的流，即有害流，主要表现有以下几个方面：

（1）有害信息的传播。简单来讲就是有害信息在系统、环境或者通道中传播，产生有害作用。比如扭曲事实的言论、不实的新闻报道以及电脑病毒等。

（2）有害能量的传播。简单来讲就是有害能量在系统、环境或者通道中传播，产生有害作用。比如紫外线辐射、电离辐射以及测井辐射等。

（3）有害物质的传播。简单来讲就是有害物质在系统、环境或者通道中传播，产生有害作用。比如说核泄漏、原油泄漏以及病毒传播等。

（4）热引起的有害流。简单来讲就是热在系统、环境或者通道中传播，引起的有害作用。比如高温的汽车发动机、强光暴晒以及手机电池发烫等。

（5）流的运转引起的振动。简单来讲就是流在系统、环境或者通道中因负荷施压而引起的结构性振动，比如火车行驶导致的振动、噪声等。

（6）浪费流。在系统、环境或者通道中造成不必要的物质、能量与信息损失的流，比如发动机漏油、燃气管道泄漏等。

第二节　减少或消除有害流的优化措施

1. 增加流的转换次数

在系统、环境或者通道中，有害流可以经过多次转换，而减少或者消除其所产生的有害作用。一般情况下，有害流的每次转换都会带来有害作用的损失或者延迟。因此，增加有害流的转换次数，会降低负面作用。

［案例1］天然气液化输送（见图 7—1）。天然气开采出来后，气体状态下进行存储和运输容易造成损失，为了方便存储和运输，往往会进行压缩液化，使用时再将液态天然气转换成气体。

图 7—1　液化天然气输送

［案例2］卷烟卷制过程中使用的膨胀烟丝（见图 7—2）。为了改善卷烟烟丝的燃烧状况，降低燃烧过程中的焦油产生量，通过液态或者气态介质（比如水、二氧化碳等）浸渍烟丝，然后再将浸渍过的烟丝在热气流当中加热，介质快速挥发，使烟丝体积膨胀。膨胀后的烟丝，组织疏松、填充性好，焦油产生量相对变小。

图 7-2　膨胀烟丝

2. 在通道中引入停滞区

在系统、环境或者流通道中，可以通过引入停滞区，将有害流在某一区域短时间或永久的停滞，进而减少或者消除有害作用。

［案例 1］烟梗回潮设备（见图 7-3）。在烟草生产流水线上，烟梗进入回潮箱（停滞区）后便长时间停滞于此，以实现烟梗回潮、膨胀体积和减少焦油等有害物质的目的。

图 7-3　烟梗回潮设备

[案例 2] 不合格卷烟自动清除装置（见图 7-4）。在流水线上引入不合格卷烟自动清除装置，实现在卷制过程当中，自动清除卷烟残次品，保证卷烟流水线的顺利运转，减少或者避免生产线停工。

图 7-4　不合格卷烟自动清除装置

3. 转换到低导通率的流

在系统、环境或者流通道中，可以将有害流从高导通率的流转换到低导通率的流，进而减少或者消除有害作用。

[案例 1] 卷烟接装纸通风技术。接装纸是用于将过滤嘴和卷烟烟支接装的专用纸。为了降低卷烟烟气的导通率，减少烟气中有害物质对吸食者的伤害，在接装纸上打出通风孔，增加吸食的阻力，并且燃吸烟支时一定数量的空气会从小孔中进入过滤嘴内部，从而稀释有害物质。

[案例 2] 通过接种疫苗，高流动性的人群将转化成为低导通率人群，从而有效抑制或者阻隔病毒的传播。

4. 减少通道部分区域的导通率

在系统、环境或者流通道中，可以在部分区域，降低有害流的导通率，进而减少或者消除有害作用。

[案例 1] 卷烟过滤嘴（见图 7-5）。为了减少或者过滤卷烟烟气中的某些物质（比如焦油、烟碱等），在卷烟的烟支一端接装过滤嘴，以降低烟气的导通率，从而降低上述物质对吸食者的危害。

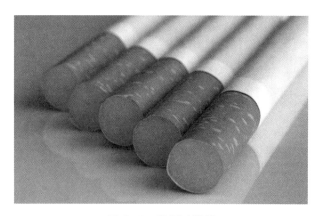

图 7-5　卷烟过滤嘴

5. 增加有害流的长度

在系统、环境或者流通道中，可以通过增加有害流的长度，减少或者消除有害作用。

[案例1] 烟丝传送带（见图 7-6）。烟丝通过制丝设备切割完成后，被放置于传送带上，能连续高效运输，防止切好的烟丝在制丝设备出口堆积堵塞，有利于通风干燥，节省人力物力。

图 7-6　烟丝传送带

[案例 2] 卷烟成品传送带（见图 7-7）。卷烟条盒包装薄膜一般采用高温烫封，为了及时冷却，保证质量，有序完成装箱工作，在成品完工后，全部通过较长的传送带进入装箱入库工序。

图 7-7　卷烟成品传送带

6. 将有害流引入自身通道

在系统、环境或者流通道中，可以将有害流引入自身通道，进而减少或者消除有害作用。

[案例 1] 卷烟加香加料（见图 7-8）。卷烟加工过程中普遍使用料液，如果料液直接排放，会产生不良影响。但是，将料液应用于卷烟却能够改进烟草，具有增加韧性和保润性、改善刺激性、提升燃烧性和减少碎损等作用。

图 7-8　卷烟加香加料

［案例2］烟秆废弃物调制为有机肥料（见图7-9）。传统工艺中，烟叶采摘复烤完成后，烟秆基本会被丢弃。丢弃的烟秆中含有多种营养物质，不仅造成资源浪费，还会传播病虫害。通过有机肥设备，将烟秆破碎后放入翻堆机发酵，高温杀菌消毒之后，按照一定比例加入菜籽肥和草木灰，生产出生物有机肥料，从而改善土壤结构，提高农作物的产量，实现资源的高效循环再利用。

图7-9　烟秆废弃物调制为有机肥料

7. 在通道中设置"瓶颈"

在系统、环境或者流通道中，可以通过设置"瓶颈"，降低有害流的导通率，进而减少或者消除有害作用。

［案例1］水电站的"瓶颈"作用（见图7-10）。水电站既可以将过量的水流的能量转换为电力，又能在洪水灾害时有效防止洪水漫延。

图7-10　水电站的"瓶颈"作用

[案例2] 烟支卷制包装设备（见图 7—11）。烟支卷制成形后，需要自动排入小盒包装中，为了防止排入混乱，可通过设置"瓶颈"来实现规范有序包装，避免数量和排列次序出错。

图 7—11　烟支卷制包装设备

8. 在通道中引入灰色区域

在系统、环境或者流通道中，可以通过引入"灰色区域"，减少或者消除有害流的有害作用。

[案例1] 卷烟包装集中回收点。通过设立卷烟包装集中回收点，统一回收处理市场上产生的大量废弃卷烟包装，统筹组织回收利用、降解处理等工作，有效解决了废弃卷烟包装带来的问题。

9. 降低流的密度

在系统、环境或者流通道中，可以降低流的密度，进而减少或者消除有害作用。

[案例1] 分片区、分周期订货（见图 7—12）。烟草企业为了避免零售客户集中订货引发的系统卡顿或者登录问题，实行分片区、分时段订货机制，以减少集中订货的流密度，起到了降低访问流量密度的作用。

图7-12　分片区、分周期订货

[案例2] 卷烟厂食堂错峰就餐。某卷烟厂为了避免同一个时间就餐带来的拥挤，实行分班组错峰就餐制度，按照工作性质不同，分批次分时间段安排不同工种人员就餐，对于面积有限的食堂，能大大缓解就餐排队和等候的压力。

10. 利用旁路绕过

在系统、环境或者流通道中，可以采用让有害流从其他通道绕行的方法，进而减少或者消除有害作用。

[案例1] 卷烟运输业务外包（见图7-13）。烟草企业作为生产商，主营业务是生产卷烟，具备生产技术优势。但是，卷烟产品运输并非其经营优势。为了弥补自身在物流运输方面的不足，通过将卷烟运输业务外包给物流公司，把劣势部分移交到其他优势的企业，实现强强联合，进而降低成本、提高效率。

图7-13　卷烟运输业务外包

[案例2] 卷烟配送从旁路绕过。烟草企业在给零售客户配送卷烟时，采用智能导航系统避开交通繁忙、拥堵的城区主干线，从旁路绕行通过，从而缓解主城区交通运输压力，节约车辆通行时间。

11. 预设可以中和流的物质、能量和信息

在系统、环境或者流通道中，可以预设中和流的物质、能量和信息，进而减少或者消除有害作用。

[案例1] 卷烟香料的使用。为了提升卷烟吸食的口味，改善烟叶本身的杂气和刺激性，满足不同的口味需求，在卷烟生产过程中，通过添加香料来改善吸味。

[案例2] 卷烟仓库设置自动消防设施。在烟草配送中心库房内预设自动感应消防系统，可以根据感应信号自动开启灭火程序，及时喷水灭火。

12. 消除或者利用共振

在系统、环境或者流通道中，可以消除或者利用与本身或流作用对象的固有频率相同的流的共振，进而减少或者消除有害作用。

[案例1] 卷烟车间隔音材料（见图7-14）。在卷烟生产车间墙体贴装隔音材料，吸收各类生产设备发出的噪声与墙体形成的共振，最大限度地降低噪声。

图7-14 卷烟车间隔音材料

13. 重新分配流

在系统、环境或者流通道中，可以在总流量没有下降的情况下，重新分配有害流来减小其强度，进而减少或者消除有害作用。

［案例1］建立专卖体制，整合全国烟草（见图7-15）。1983年，面对国内烟草行业相互恶性竞争、损害集体利益的现状，国务院发布烟草专卖条例，对烟草行业实行统一领导、垂直管理、专卖专营的管理体制，并重新分配资源，不断深化改革，规范专卖执法，狠抓经营管理，实现了经济效益的超高速增长。

图7-15　建立专卖体制，整合全国烟草

［案例2］烟草企业轮岗制度。面对烟草行业高质量发展的新形势、新任务、新要求，为建立一支符合新时代发展要求的高素质干部职工队伍，烟草行业企业推行干部职工轮岗制度，避免因岗位长期不变，而使干部职工出现厌烦、麻痹情绪，或者缺乏学习和创新活力的情况。通过定期轮换工作岗位，重新分配岗位资源，减少了上述有害作用。

14. 让流在自身以外的通道传输

在系统、环境或者流通道中，将有害流通过自身以外的通道传输，进而减少或者消除有害作用。

［案例1］非核心业务外包。烟草企业为了不断提升自身核心竞争力，把物业管理、货物运输等非核心业务转交给专业的物业管理企业、运输公司等，整合外部优势资源，进而降低或者消除非核心业务对企业的消耗和压力。

［案例2］卷烟叶丝干燥工序（见图7-16）。在卷烟烟丝切割生产线上，为了使烟丝脱水去湿，降低吸湿性，便于贮存保管，往往在流水线上增设烟丝干燥通道，使烟丝在另一个通道中经过干燥处理后，再行入库。

图 7-16　卷烟叶丝干燥工序

15. 将有害流引入到反流当中

在系统、环境或者流通道中，可以通过将有害流引入反流中的方法，进而减少或者消除有害作用。

［案例］再造烟叶。烟叶切丝过程中，会不可避免地产生烟末、碎烟片、烟梗等残次品，这既造成了浪费，也不便于处理。为了有效利用这些残次品，将烟末、碎烟片、烟梗等通过辊压法、造纸法、稠浆法等方式进行加工，制成符合相关标准和技术要求的再造烟叶，用于卷烟生产，使之变废为宝，降低成本。

16. 改变、新增流的属性以减少其有害行为

在系统、环境或者流通道中，可以通过改变或者新增属性的方法，进而减少或者消除有害作用。

［案例］烟叶农药残留检测废液的处理。烟叶农残液相色谱检测产生的低浓度酚的废液，通过加入次氯酸钠或漂白粉，将酚氧化成水和二氧化碳，进而实现无害化处理。

17. 浪费流的再利用

在系统、环境或者流通道中，可以通过完全或部分再利用浪费流的方法，进而减少或者消除有害作用。

[案例] 卷烟包装回收再利用。烟草行业每年需求的卷烟包装纸箱数量巨大，为了减小包装纸箱带来的环境影响，全面推行卷烟包装箱回收再利用，进而消除有害作用，已成为建设绿色烟草的有益举措。

18. 修改或者修复流

在系统、环境或者流通道中，可以通过修改或者修复流的方法，进而减少或者消除有害作用。

[案例] 烟草行业规范采购管理工作。近年来，烟草行业健全完善采购管理的各项工作，出台系列配套制度，这是不断规范自我、严以律己的重要举措。这些规范措施可以弥补采购工作中的漏洞，优化具体业务流程，从而实现规范管理、高效采购。

第三节　增加有益流的优化措施

1. 减少流的长度

在系统、环境或者流通道中，可以通过减少或者缩短流的长度的方法，来增加有益流的优化作用，进而提高导通率。

[案例1] 为了缩短公文传送的路途和时间，方便公文高效流转，烟草行业开发并应用了公文管理系统，缩短信息流，实现公文在全国烟草行业的即送即达。

[案例2] 新商盟订货平台。为了减少或者缩短传统的电话订烟模式下的忙线和等候，方便零售客户随时订烟，烟草行业开发应用了新商盟卷烟订货平台，缩短订货流，实现随时订烟。

2. 消除灰色区域

在系统、环境或者流通道中，可以通过消除"灰色区域"的方法，增加有益流的优化作用，进而提高导通率。

[案例] 卷烟配送中心划定停车区域（见图7-17）。烟草商业企业为了规范卷烟配送中心各类车辆停放，消除乱停乱放导致的通行不畅等灰色区域，对物流车辆、工作人员私车以及非机动车分别划定区域分类停放，实现安全有序通行。

图 7-17 卷烟配送中心划定停车区域

3. 消除瓶颈

在系统、环境或者流通道中，可以通过消除"瓶颈"的方法，来增加有益流，进而提高导通率。

［案例 1］卷烟订货款扣款协议。在卷烟订货周期内，排队缴纳卷烟订货款的人数众多。为了消除排队缴费的"瓶颈"或者拥堵状况，提高服务客户水平，烟草商业企业与银行开展交易支付合作，通过银行、零售客户、烟草商业企业三方签订扣款协议，在零售客户下单后，银行后台系统自动扣款，显著提高导通率。

［案例 2］卷烟生产精细化分工（见图 7-18）。卷烟生产从烟叶复烤到卷制，流程繁杂、工序很多，为了消除流程和时间的"瓶颈"，烟草行业往往采用烟叶复烤、烟叶制丝、包装生产、烟支卷制等不同的生产线分工作业、无缝衔接，进而提高导通率，提升生产效率。

图 7-18　卷烟生产精细化分工

4. 增加流的密度

在系统、环境或者流通道中，可以通过增加流的密度的方法，来增加有益流的优化作用，进而提高导通率。

［案例］建立工作群。为了提高通知和消息的导通率，扩大覆盖面，缩短层层传达告知的时间，企业通过建立钉钉、微信等工作群，发挥群聊信息直达的作用，增加有益流的信息密度，只需一次发送就可以通知所有人。

5. 减少流的转换次数

在系统、环境或者流通道中，可以通过减少流的转换次数的方法，来增加有益流的优化作用，进而提高导通率。

［案例］烟叶复烤流程优化。烟草工业企业按照精简工序、提高效益的原则，在整备选料、投料组织等流程方面重点突破和优化，砍掉无价值的工序流程，减少生产线上流的转换次数，以此提高效率和流的导通率。

6. 增加部分通道的导通率

在系统、环境或者流通道中，可以通过增加部分通道或者通道某个部分的导通率的方法，来增加有益流的优化作用，进而提高导通率。

［案例］烟草直营店自助结账设备。为了解决消费高峰期结账排队等候致使流通道拥堵的问题，烟草直营店设立自助结账设备，同时支持微信、银行卡、支付宝、翼支付等多种支付方式，提高结账环节通道的导通率，提高结账效率。

第四节　减少过度流的优化措施

1. 增加过度流的长度

在系统、环境或者流通道中，可以通过增加过度流长度的方法，来削弱或者消除过度流的消极作用，进而提高导通率。

［案例］卷烟分拣线传送履带（见图 7-19）。为了防止机器快速分拣出的卷烟在传送履带堆积拥堵，企业采用延长传送履带长度的方式，来消除快速分拣状态下的传送堵塞问题，确保分拣打包的有序运行。

图 7-19　卷烟分拣线传送履带

2. 引入灰色区域

在系统、环境或者流通道中，可以通过引入"灰色区域"的方法，来削弱或者消除过度流的消极作用，进而提高导通率。

［案例 1］烟叶制丝松散回潮设备（见图 7-20）。为了使烟丝制品松散，提高抗碎性，在快速运转的流水线上，设置松散回潮设备，对烟丝伸展膨胀、减少造碎，防止未回潮烟丝的直接入库。

图 7-20　烟叶制丝松散回潮设备

[案例 2] 卷烟小盒自动包装机组（见图 7-21）。卷烟烟支成品会在生产线上源源不断地制成，并通过传输通道输送至包装机组，包装机组不停吸纳产出的烟支成品，并完成小盒包装，最后自动装条装箱，从而提高了卷烟生产线的导通率。

图 7-21　卷烟小盒自动包装机组

3. 在通道中引入瓶颈

在系统、环境或者流通道中，可以通过引入"瓶颈"的方法，来削弱或者消除过度流的消极作用，进而提高导通率。

[案例] 浙江烟草"互联网＋专卖"的智能化大数据监管依托大数据和云计算，贯通市场监管等多个数据平台，实现数据共享，推进"智能采集、深度分析、精准打击"大数据监管的应用，通过设置涉烟违法犯罪信息"瓶颈"，实现数据驱动及时准确打私打假的智慧监管，最终形成企业、零售客户、消费者、社会公众共同参与的专卖治理体系。

4. 降低流的密度

在系统、环境或者流通道中，可以通过降低流的密度，来削弱或者消除过度流的消极作用，进而提高其他通道的导通率。

[案例] 烟草行业网站内容众多，为了方便浏览者快速找到所需内容，避免被满屏的信息流影响，采用设置不同栏目的方式，来降低信息流的密度，帮助浏览者准确获取所需信息。

5. 降低部分通道的导通率

在系统、环境或者流通道中，可以通过降低部分通道的导通率的方法，来削弱或者消除过度流的消极作用，进而提高导通率。

[案例1] 减速带（见图 7－22）。企业通过在门口设立减速带，来降低进出通道在门口部分的导通率，防止出现事故，确保车辆有序通行，从而提高进出通道的导通率。

图 7－22　减速带

［案例2］木柄铁锅（见图7-23）。在烹饪时，加热会使铁锅升温，铁锅手柄也不例外。为了防止手柄发烫伤手，将手柄改装为木柄，以此来降低热量在手柄部分的导通率，方便随时拿起铁锅。

图7-23　木柄铁锅

6. 增加流的转换次数

在系统、环境或者流通道中，可以通过增加流的转换次数的方法，来削弱或者消除过度流的消极作用，进而提高导通率。

［案例］烟草行业工业生产废水处理。虽然烟草行业工业生产废水排放量小，但由于浓度、温度较高，并且含有生物碱、酚类、醛类等多种难降解有机物，常先通过高密度沉池气浮的方式，去除废水中的固体颗粒物，再通过气浮消除其中的有机污染物、悬浮物以及油脂等，最后通过高效快速的固液分离方式，达到无害化处理的效果。

第五节　改善流的导通率的优化措施

1. 减少流的转换次数

在系统、环境或者流通道中，可以通过减少流的转换次数的方法，来改善和解决流的转换次数过多造成的损失和延迟，进而提高导通率。

［案例］烟叶协议收购。为了贯彻执行烟草专卖制度，保障烟农收入，确保核心烟农队伍基本稳定，烟草行业实行合同种植、统一收购的管理模式，减少中间商的收购程序，最大限度地保障烟农的利益，满足行业的需求。

2. 转化为容易转换的流

在系统、环境或者流通道中，可以通过将难以转换的流转化为容易转换的流的方法，来改善和解决流自身转换不足造成的损失和延迟，进而提高导通率。

［案例］烟草直营店扫码支付。烟草直营店通过扫码支付，将复杂的现金流，转化为资金信息流，降低了人工点钞带来的风险，提高了支付效率。

3. 减少流的长度

在系统、环境或者流通道中，可以通过减少流的长度的方法，来改善和解决因流的长度不足造成的损失和延迟，进而提高导通率。

［案例］烟草专卖"互联网＋"政务服务。近年来，各级烟草专卖局在简化审批流程的基础上，深化推进"互联网＋"政务服务，实行网上申请办证和送证上门服务。从"最多跑一次"到"零跑腿"，减少和省去群众前往烟草专卖局现场申办烟草证的流程，让群众足不出户就能办证。

4. 消除灰色区

在系统、环境或者流通道中，可以通过消除"灰色区域"的方法，来改善和解决无法精准预测流造成的延迟和损失，进而提高导通率。

［案例1］物流寄递环节打击涉烟违法犯罪协作机制。为整顿和规范烟草市场秩序，依法严厉打击物流寄递渠道涉烟违法犯罪活动，有关部门联合印发意见，建立物流寄递环节打击涉烟违法犯罪协作机制，消除跨部门、跨职能和执法交界处的监管盲区，积极应对不断发展变化的执法环境，实现相关职能部门的联合执法协作，提升整体合力，消除物流寄递环节涉烟违法犯罪活动的灰色区域。

［案例2］烟草专卖管理调度系统。近年来，随着我国城市化进程加快，各级烟草专卖局管辖范围也越来越大，给烟草专卖管理工作带来了新的要求和挑战。在烟草专卖执法人员有限的情况下，各地烟草专卖局利用"大数据"平台，通过设立指挥中心、调度系统等途径，实时监控辖区烟草市场，统一调度专卖队伍，消除了监管灰色区域。

5. 消除瓶颈

在系统、环境或者流通道中，可以通过消除"瓶颈"的方法，来改善和解决瓶颈造成的损失和延迟，进而提高导通率。

［案例1］烟草专卖零售许可证在线申办小程序。过去办理烟草证的各项业务，要到办证大厅排队办理，逐一排队审核材料成为办证通道的"瓶颈"。为了消除这一"瓶颈"，提高流的导通率，行业开发了烟草专卖零售许可证在线申办小程序，通过手机小程序办理，大大提高了办证效率，方便了群众。

6. 利用旁路绕过

在系统、环境或者流通道中，可以通过旁路绕过的方法，来改善和解决流通道自身导通率不足造成的损失和延迟，进而提高导通率。

［案例1］消防安全外部通道。行业企业按照消防安全相关政策，在生产经营用房中全部设立消防安全外部通道，以备应急之用。在出现火灾等紧急情况时，干部职工可以从外部的消防安全通道逃生。

［案例2］烟田灌溉工程绕开复杂地形（见图7-24）。长期以来，烟草行业深入建设烟田水利灌溉等基础设施，用以推进烟草生产方式转型升级。烟田水利灌溉工程实施过程中，为了提高工程效能，切实将资金用在刀刃上，一般会绕开地质地形复杂的山川，选择地势合理的区域，实现工程效益最大化。

图7-24 烟田灌溉工程绕开复杂地形

7. 增加部分通道或者通道各组分的导通率

在系统、环境或者流通道中，可以通过增加部分通道或者通道各组分的导通率的方法，来改善和解决部分通道或组分因导通率不足造成的损失和延迟问题，进而提高导通率。

［案例1］卷烟成品传输线（见图7-25）。为了提高成品卷烟的传输及装箱效率，行业工业企业在卷烟生产线上，通过增加成品卷烟的传输线，改善因传输线速度慢造成卷烟成品在流水线上堆积堵塞的问题，从而提高导通率。

图 7-25　卷烟成品传输线

［案例 2］卷烟仓库进出库通道（见图 7-26）。为了提高卷烟仓库进出库通道的导通率，烟草企业卷烟仓库一般设立多个进出库通道，来保证卷烟出入库高峰期的正常运行。

图 7-26　卷烟仓库进出库通道

8. 增加流的密度

在系统、环境或者流通道中，可以通过增加流的密度的方法，来改善和解决流密度不足造成的损失和延迟问题，进而提高导通率。

［案例］卷烟在线订货。为了增加卷烟信息流的密度，解决传统的电话、纸质等订货手段信息流密度低的弊端，烟草企业广泛推广使用新商盟订货平

台，零售客户登录平台后可以直接浏览和订购所有在销品牌，从而提高卷烟产品的信息流密度。

9. 引入一个流作为另一个流的载体

在系统、环境或者流通道中，可以通过引入一个流作为载体的方法，来改善和解决流自身载体不足造成的损失和延迟问题，进而提高导通率。

［案例1］社保卡嵌入芯片，融合社保、纳税、工作单位、学历、姓名等个人基本信息，实现社保、公交、消费等一卡通，便民利民，也利于政府部门的管理。

［案例2］职工一卡通。烟草行业部分企业为了更好地服务职工和生活管理，推行职工一卡通，既可以用于食堂就餐，又可以用于通勤车刷卡，还能在直营店刷卡消费。

10. 把流的有用作用施加到另外一个流上

在系统、环境或者流通道中，可以通过将流的有用作用施加到其他流上的方法，来改善和解决有用作用不足造成的损失和延迟问题，进而提高导通率。

［案例］烟草智慧物流。烟草行业打造"全面感知、数字驱动、智能管理、智慧决策"的行业智慧物流体系，通过智能仓储、智能配送、"车联网"技术、零售客户实时感知等系统提供全程保障，全面提升效率和客户体验满意度。

11. 将一个流的有用作用施加到另一个流的通道上

在系统、环境或者流通道中，可以通过将一个流的有用作用施加到另一个流的通道上的方法，来改善和解决导通率不足造成的损失和延迟问题，进而提高导通率。

［案例］四川中烟"长城优品生活馆"。为了分享和提升烟草雪茄文化，四川中烟借鉴行业内外优秀体验店的建设经验，融合烟草、咖啡、轻食以及书籍等文创产品和服务，建设"长城优品生活馆"。将"长城优品生活馆"的有用作用施加到消费流上，既让消费者在舒适的环境里体验烟草的魅力，又对长城品牌和雪茄文化有了全新的认识。

12. 在一个通道上传输多个同质流

在系统、环境或者流通道中，通过在一个通道上传输多个同质流的方法，来改善和解决传输不足造成的损失和延迟问题，进而提高导通率。

［案例1］上海烟草打破行业传统直营店的模式，在经营卷烟的同时，广泛经营百货、针纺织品、日用品、五金工具、普通机械配件、劳防用品、办公用品、预包装食品等业务。通过在烟草直营店这一个通道上传输百货等多个同质流，来改善和解决单纯经营卷烟的不足造成的损失，增强盈利能力，降低运

行成本，进而提高导通率。

13. 让流经过系统外部通道

在系统、环境或者流通道中，可以通过让流经过系统外部通道的方法，来改善和解决导通率不足造成的损失和延迟问题，进而提高导通率。

［案例］烟草实验室通风管（见图 7-27）。烟草实验室是进行物理化学测试和科学研究的重要场所，在日常实验操作中，难免会产生一些不利于人体健康的气体。其实验室通风管能够高效地将实验产生的气体吸出，并排放到净化处理的外部容器或者通道中，进而确保实验室工作人员的身体健康。

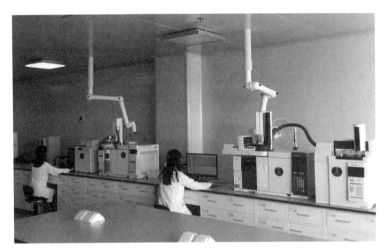

图 7-27　烟草实验室通风管

第六节　改善利用率有缺陷的流的优化措施

1. 消除停滞区

在系统、环境或者流通道中，可以通过消除"停滞区"的方法，来改善和解决导通率不足造成的损失和延迟，进而提高导通率。

［案例］浙江烟草"智慧浙烟"零售终端数据平台，可以通过系统采集的数据，统计零售店的月均销量、当月销售额、畅销品类等关键指标，进而结合片区市场动态、消费者偏好以及产品结构等因素，分析出需要调整、增加品规等的信息，提高零售客户盈利水平和订货精准度，从而改善和解决畅销品规进货不足、滞销品规处理不及时、新型消费需求研判和准备不足等问题。

2. 利用共振

在系统、环境或者流通道中，可以通过让流作用对象相同的流同频共振或共同发力等方法，来改善和解决导通率不足造成的损失和延迟问题，进而提高导通率。

［案例］浙江烟草运用"互联网＋"打造"智慧浙烟"，依托建设全省烟草系统数据分析平台，充分运用"互联网＋"的流，相互作用、同频共振，全面推进全省烟草系统数据资源互联互通，形成数据采集、分析、应用闭环，着力深化大数据应用，有效发挥数据价值，打造"智慧浙烟"。

3. 调制流

在系统、环境或者流通道中，可以通过调整特定对象的特性、状态或者时间等，来改善和解决导通率不足造成的损失和延迟问题，进而提高导通率。

［案例］：为了更好地贯彻烟草专卖专营制度，烟草行业注重发挥货源投放的杠杆作用，始终动态监测市场状态，坚持优化货源供应，科学调整投放进度，提高各个品规库存周转率，切实降低资金占用量，稳步实现提升销量的目标。

4. 重新分配流

在系统、环境或者流通道中，可以通过重新分配或者调整流的方法，来改善和解决导通率不足造成的损失和延迟问题，进而提高导通率。

［案例］节假日期间，卷烟需求往往会激增，这会给市场监管和销售工作带来压力。为了防止"假私非"卷烟冲击市场、侵害消费者利益，保障烟草市场供应，各级烟草专卖局（公司）一般采取临时开展专项整治行动、动态监测市场需求、提前组织和投放货源等举措，重新分配或者调整卷烟流。

5. 流的反复循环利用

在系统、环境或者流通道中，可以通过流的反复循环，来改善和解决导通率不足造成的损失和延迟问题，进而提高导通率。

［案例］为深入推进烟草行业绿色低碳循环发展，烟草企业探索开展了卷烟包装塑膜回收循环利用工作，与裹膜厂家签订回收协议，将塑膜回收之后重新加工再利用，有力地推进了绿色物流建设。

6. 提前预设必要的流

在系统、环境或者流通道中，可以通过提前预设必要的流、物质等，来改善和解决导通率不足造成的损失和延迟问题，进而提高导通率。

［案例1］卷烟厂都预设了消防灭火系统和设备，一旦发生火灾，系统探测到信号后立马示警，并启动自动灭火喷淋系统，进而提高流的导通率。

［案例2］我国国有企业档案管理大多还停留在人工管理的阶段，缺乏智

能管理手段，导致实体档案资料保存状况难以动态掌握，有时难以避免出现存放位置出错等情况，而且过期档案管理工作滞后，有些档案过了保存期，未能及时处理，致使档案管理工作无法满足新的要求。为此，西藏自治区烟草专卖局（公司）通过长期的探索和实验，研发了一种基于射频技术（RFID）的智能档案柜，提前预设射频识别系统、重力感应装置、声波驱鼠设施以及恒温恒湿设备。设计包括多个柜体和滑轨机构，每个储存仓的底部均设有多个第一分隔部将储存仓分为多个储存仓位，每个储存仓位还设有应答器和阅读器，最终实现智能化管理（见图 7-28）。

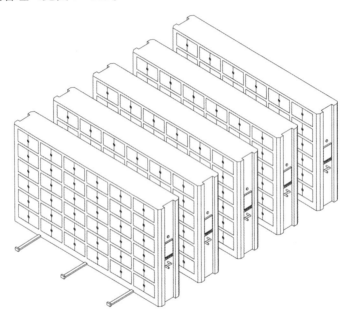

图 7-28　智能档案柜设计意向图

　　流分析理论虽然在企业经营管理方面的研究和应用还处于探索阶段，但是也为烟草行业优化和改进生产经营管理工作提供了一个全新的视角和解决问题的思路方向。本章基于流分析理论及其方法，结合烟草工作和生活实际，通过系统、环境以及流运行的分析，识别出烟草行业工作中的有益流或有害流，结合实际给出了相应案例，这将为解决烟草行业改革发展中的瓶颈问题提供一定的借鉴和参考。流分析管理是一个动态的过程，因此需要持续不断地分析烟草行业经营管理工作中的物质流、能量流和信息流等，探索建立流分析模型，从而提升流分析在烟草行业中的应用水平，为加快推动烟草行业高质量发展作出积极贡献。

第八章　TRIZ 与烟草企业专利战略与布局

TRIZ 来源于海量专利中原理的科学归纳与总结，是一门基于知识、面向技术研发人员的发明问题解决理论。当前，烟草行业技术发展与环境正面临着诸多深刻与复杂的变化，科技集成创新正在成为整个行业大力实施自主创新和驱动未来发展技术战略创新的根本原动力。作为科技创新的方法理论，TRIZ 与国内外烟草企业的自主专利战略布局密切结合，既可为卷烟行业科技创新能力的强化和整合能力的提高起到指引作用，也可为中国烟草公司的品牌创新力、竞争力、影响力、控制力、抗风险能力的提升提供支撑。

本章主要从行业专利保护的现状、TRIZ 与烟草企业专利战略、TRIZ 与烟草企业专利布局和 TRIZ 的创新性评价等四个方面对 TRIZ 与烟草行业专利战略布局进行了叙述，以期为行业的创新工作和知识产权保护提供一定的参考。

第一节　行业专利保护的现状

2017 年，国家烟草专卖局科技司和中国烟草科技信息中心对我国烟草技术类专利申请及授权总体情况进行了统计分析，并对比分析了国内外烟草单位申请专利的情况。分析结果为，2017 年我国申请烟草技术类专利与授权的量有所增长，关注的技术领域较为稳定，热点领域集中在新型烟草制品；国内烟草行业单位应进一步优化专利结构，提升申请专利质量。

一、专利申请和授权数持续增长

2017 年，国家知识产权局受理公开征集/核准公告的烟草技术类专利授权共计约 10313 件，同比增长超过 7%，其中国家发明专利为 4466 件，同比增长约 11.1%，占总数的 43.3%。2017 年，国内烟草行业单位共申请专利 4321 件，同比增长 1.3%，增长势头持续走高。其中发明类别专利年新增申请量约 2017 件，同比增长 11.9%。同时，烟草行业生产单位主动申请登记的烟草技术类专利总量占全行业专利受理申请件总量的 41.9%，继续占据优势地位。

2017 年，国家知识产权局依法授权发布的涉及烟草技术类专利公告共计约 7617 件，同比增长 1.9% 左右，其中发明专利为 1770 件，同比下降 5.7%，占授权专利总数的 23.2%。2011—2017 年，我国烟草技术类专利申请和授权数量均保持了快速增长的态势，其中发明专利年授权数从 2011 年 572 件上升到 2016 年 1876 件，2017 年略有降低，为 1770 件。

2017 年，国内各类烟草行业单位累计获授权发明专利合计 3309 件，占各类专利授权总量的比重为 43.4%，同比减少 9.1%，其中专利授权量 1005 件，同比减少 14.6%，占发明专利授权总量的 56.8%。2011—2017 年，国内烟草行业单位烟草技术类专利授权量占专利授权总量的比重从 2011 年的 59.2% 下降到 43.4%，国内烟草行业单位专利授权数量占比减少。行业各单位应更加关注行业外单位和个人在烟草技术方面的热点专利布局，进一步提高行业在烟草技术专利方面的优势地位。

二、专利技术领域分布相对稳定

2017 年以来，我国烟草技术类专利技术领域整体分布保持相对稳定，主要创新领域仍集中地表现在烟草制品、烟草农业、烟用高分子材料与加工制造等三个重要技术领域。烟草制品是烟草行业的主要产品，相关的生产制造技术专利申请保持领先是必然趋势，也是持续研究的热点。

三、热点技术领域凸显

（一）新型烟草制品技术成为热点技术领域

烟草制品依然是 2017 年专利申请最多的技术热点领域，其中新型烟草制品 2975 件，占烟草制品的 94.0%。

在新型烟草制品专利申请中，电子烟专利申请数量最多（2582 件），占新型烟草制品专利总数的 86.8%；新型卷烟专利申请数量 287 件，占比为 9.6%；口含烟申请数量 37 件，占比为 1.2%；新型烟草制品检测分析专利 83 件，占比为 2.8%。

（二）烟用材料和烟草农业是行业申请的热点

卷烟工业企业一直是专利创造的主力军。2017 年，卷烟工业企业专利申请量、授权量分别占国内烟草行业单位专利申请、授权总数的 70.0%、72.1%。2011—2017 年，卷烟工业企业一直是国内烟草行业单位专利创造的主力，以发明专利为例，这 7 年，卷烟工业企业发明专利授权量占国内烟草行业单位发明专利授权总量的比例一直保持在 70% 左右。

烟用材料、烟草农业、检测分析、烟草制品、制丝等技术领域专利数位列前 5 位，共计 3230 件，占总数 4549 件（存在同一专利涉及多个技术分布的情况）的 71.0%。其中，烟用材料专利为 904 件，占行业专利申请总数的 19.9%，烟草农业专利为 787 件，占行业专利申请总数的 17.3%，这两个领域是 2017 年行业烟草专利申请的热点。

四、存在的问题

总体来说，国内烟草企业在授权发明专利的量上保持了较大的优势，但是国外企业获得的发明专利授权数量也在增加，并且国外单位获得授权的发明专利质量明显较高，每件专利均具有一定的应用与转化价值。

第二节　TRIZ 与烟草企业专利战略

烟草行业高度重视知识产权的获得与保护，从 2007 年开始，行业就实施了《烟草行业知识产权发展战略（2007—2015 年）》，专利作为最重要的知识产权，烟草企业近年来投入了大量的人力、物力和财力实施行业的专利等知识产权保护战略，也出台了较多的鼓励高质量的知识产权的奖励政策。近年来，烟草行业的知识产权产出，尤其是专利的申请和授权量都呈快速增长的趋势，行业每年专利的申请量都在几千件以上，烟草行业也在朝着知识产权（专利）密集型行业方向发展。

一、烟草企业的专利战略定位

2020 年 11 月 30 日，习近平总书记在中共中央政治局第二十五次集体学习时强调"创新是引领发展的第一动力，保护知识产权就是保护创新"，要全面加强知识产权保护工作，推动构建新发展格局。

就加强烟草行业知识产权保护工作，国家烟草专卖局明确提出了烟草行业知识产权保护工作的目标任务和工作举措：统筹发展和安全，加强协同配合，站在提升企业核心竞争力、防范化解重大风险、维护行业安全和企业合法权益的高度充分认识行业强化知识产权管理保护的必要性与迫切性，打通知识产权创造、运用、保护、管理、服务全链条，增强系统保护能力。

国家烟草专卖局科技司和中国烟草科技信息中心在相关研究报告中也指出，国内广大烟草行业单位应在实践中进一步完善优化专利结构，提升专利质量。行业各单位应更加关注行业外单位和个人在烟草技术方面的专利布局，进一步提高行业在烟草技术专利方面的优势地位。

二、专利进攻型战略的研究重点

（一）核心基础专利战略

专利一般可分为核心基础专利和核心基础外围专利。一般认为，核心基础专利专指某种企业本身独创的发明，在某个技术领域必须使用的技术所对应的专利，这种基础专利是我们没法通过其他法律风险的规避绕开的。这些专利具有广泛应用的可能性和较好的获利前景，如计算机技术、人工智能技术等。核心基础专利往往又是指烟草行业那些具有较大开拓性地位和技术基础性作用的原创性专利。一些烟草核心基础专利可能直接关系到另一项重大烟草技术革命或一种重要新产品概念的诞生进程和持续发展，如加热不燃烧卷烟的出现就给行业带来了深远的影响。此外，烟草行业的许多核心基础专利还可能给其他企业带来一些新的经济效益。

烟草企业的核心基础专利战略是指一个烟草企业集团以特定核心技术方面的创造性研究及开发项目为基础，并以此取得某些专利权，从而获得对所属领域技术的相对支配地位的战略形式。核心基础专利战略是我国烟草企业持续实施进攻型专利战略的核心基础。由于企业核心基础专利体系中蕴涵的多项核心专利技术具有难以规避和不可替代的重要特征，这无疑使得企业核心基础专利战略更能给各类烟草企业带来差异化的市场竞争优势。但是，核心基础专利战略和定位研究也同时具有一定的专利风险，研发的失败风险和专利技术的预测失误无疑将给相关企业造成直接损失。

烟草企业要采用核心基础专利战略需要具备三个主要条件：一是公司具有持续较强的基础技术应用研究实力和应用开发推广能力；二是企业能够有效预

测分析和合理把握我国烟草技术领域新的科技发展方向；三是需要国家具有一定持续增长的经济实力，能够长期支撑烟草企业投入创新研发实践活动中，并至少能长期承受因技术创新而失败造成的损失。

（二）实施专利网战略

专利网建设战略，主要是指企业积极围绕自身核心基础专利实施与其紧密相关的技术应用开发，并适时申请外围专利，在现有核心基础专利群的基础上尽快建立起一张由众多外围专利组成的完整专利网。

烟草公司在采用核心专利网战略时，应当重点注意下列两种专利网的申请、布置及策略[1]：一是基本专利与外围专利同时申请策略。如果烟草企业拥有一项或几项烟草领域的核心技术，则可以等待与之配套的技术完成之后一并申请专利，以避免给竞争对手进行外围技术开发和改进的机会。但采用这种方式必须保证及时申请专利，以免因申请在后而无法获得专利权。二是先申请外围专利再申请基本专利。有些烟草企业为了使某些核心技术的信息不被公开，以延迟竞争对手获取核心技术相关信息的时间，往往采用先申请外围专利后申请基本专利的办法，这是因为外围专利的专利文献往往都不能涵盖基本专利的具体信息。三是先申请基本专利后申请外围专利。采用这种策略具有较大的风险的原因是其他企业在基本专利公开后也可以进行跟进开发，从而对企业造成威胁。采用这种策略的烟草企业应当确定其他企业在较短的时间内无法对其形成威胁或者企业已经在进行并将完成外围专利的开发。为了确保自己的核心技术能成为"在先申请"并获得授权，可以先申请基本专利后申请外围专利。

（三）实施专利转让/许可战略

专利转让/许可战略，即在自己众多技术领域取得的专利权中，对自己并不实施的专利技术，积极、主动地向其他企业进行转让的战略。实施专利转让战略有以下情景：第一类为烟草企业是研发型企业，主要从事烟草技术研发工作，不是烟草制品生产企业，没有生产某些产品或不能实施相关产品专利的能力，则可以实施专利许可转让战略；第二类是预测到该烟草专利技术的替代技术或更为先进的技术将很快出现，这将使得本企业的专利技术大为贬值，甚至被淘汰，因此，烟草企业可以通过专利转让的形式将这种风险转让给受让人；第三类是某些烟草企业的产品在市场上供不应求，则可通过许可其他相关企业实施其专利技术，同时要求相关企业使用本公司的商标。此外，若拥有核心专利技术的企业想要该技术成为行业标准，则首先需要使得该技术在相关领域得到大力推广与普及，以增强该技术成为行业标准的可能性。

（四）实施烟草专利收购战略

专利收购战略是指烟草企业在短期内通过收购竞争对手或者其他企业专利的形式，来实现其战略目的。专利收购战略中，收购的目的可以是为烟草企业自身所用。一些具有良好市场前景的烟草技术在申请专利后，其价值可能并没有被发现，中国的烟草企业此时可以用较低的价格进行收购并进行市场开发，以获取利益。此外，收购的目的也可以是通过收购烟草专利的使用许可，并以此获利或增加与竞争对手的谈判筹码。

烟草企业在选择应采用何种专利收购战略时应当注意以下几点：一是查明被授权许可和烟草专利持有者之间的原始权利状态，包括专利持有人的法律类型、有效授权许可的期限、生效后的存续时间以及有无权利争议等。二是在收购前公司应当对涉及的专利或风险状况进行一次评估，以决定是否购买以及购买价格。

（五）专利与商标相结合的战略

实施商标强制注册是我国烟草行业一直沿用的制度。专利与商标相结合的战略主要分为两类：一是采用企业自有的商标与专利技术相结合的战略，二是企业拥有的专利与其他企业的商标相结合的战略。企业的注册商标若是行业的驰名商标，影响力和知名度都较高，则可以利用商标的影响力推广该企业的新产品、新技术，提升产品的美誉度；与此同时，高价值的专利技术也会扩大烟草企业商标的影响力，提升品牌价值。

三、专利的防御型战略

专利的防御性战略主要是指烟草企业为抵挡其他企业组织的专利进攻而主动采取的一种保护烟草企业权益的战略形式。这是一种减少损失，提升企业竞争力的策略，其特点是"以小胜大""以守为攻"。近年来，我国的烟草技术企业的技术研发能力和经济实力大幅提升，在新品卷烟、新型烟草制品和卷烟新材料方面的研发都较为活跃，申请的专利数量也呈"量质齐增"的趋势，因此具备了在一些采取防御型战略的条件。一般而言，防御性专利战略大致分为以下几种[2]。

（一）专利地图战略

烟草企业在选定专利技术开发目标阶段，应充分调研文献，将文献进行整理并绘制专利地图，总结分析竞争对手的专利技术分布，将烟草技术和产品的开发引导到不侵犯他人专利的方向上，做到知己知彼。与此同时，烟草企业管理人员还应密切关注潜在竞争公司的全球专利布局状况和最新科技研究进展，通过研究制作全球专利地图系统发现或找出技术发展态势，进而为企业专利战略规划提供参考依据。

（二）排除专利妨碍战略

烟草企业可以利用法律规定的条件和程序，使竞争对手的专利全部归于无效，从而排除专利妨碍。这种战略既可以作为主动发起进攻作战的重要手段，也可以用于遇到专利纠纷时的主动防御策略，实现变被动为主动。

各国专利法关于排除妨碍的法律规定有所差异。一般来说，异议程序、撤销程序和无效宣告程序是几种常用手段。根据《中华人民共和国专利法》的相关规定，排除妨碍战略主要是利用无效宣告程序，来撤销竞争对手的专利权。

（三）技术公开战略

技术公开战略是指烟草企业采取发表文献等形式适时公开技术信息，从而阻止竞争对手无法就相同的技术或产品获得专利的战略。有些企业研发的部分烟草技术或者产品已经具备专利申请的条件，但企业从经营战略考虑，认为没有必要申请专利；与此同时，又担心竞争对手就相同的烟草技术或者产品申请专利，此时也可以采用技术公开战略。在这种情况下，采取技术公开战略可能会破坏该技术或产品的新颖性，使得竞争对手丧失在同样技术上做文章的可能性。

（四）绕开专利技术战略

若企业在进行某项新技术或新产品的开发过程中，发现竞争对手已经获得了该产品的核心技术专利，对产品的研发和企业的发展形成障碍，并且也没有办法通过宣告无效程序突破该专利壁垒时，则可以考虑迂回策略，绕过该专利技术。绕开专利技术战略是一种既可以避免侵犯专利权，又能有效突破专利壁垒的战略技术。实施这种战略主要有以下几种方式：一是使用相关替代技术；二是开发一种与对手专利不相抵触的技术；三是若确实没法突破壁垒，则可以考虑在一些不受专利地域保护的范围使用该专利技术。

（五）失效专利利用战略

烟草企业应当注重对已失效烟草专利的挖掘与利用。一方面，在竞争对手已获得该类专利权，且企业无法实现突破时，可以等到这些烟草专利有效期到期后再予以利用；另一方面，烟草专利即使到期后失效作废，并不代表彻底没有了可利用的价值。现在，全球每年都要宣布大量的烟草专利永久性的失效，任何相关的企业和公众都能够在完全不需要支付任何费用的情况下直接使用。在失效专利基础上进行创新、展开研究，也不失为一种相对便捷、经济又合理的经营战略。

（六）防卫申请战略

防卫申请战略是企业为了防御相关对手企业而选取的一种专利申请策略，这一战略一般包含两个类别：一类是企业研发出来的技术并不一定会马上实施，只是作为一种储备技术，或是作为一种未来实施更新发明专利的基础，在这种情况下，为了避免被竞争企业抢先申请或实施该技术而申请防卫专利；另一类是为了迷惑对手，使对手不能看清企业的战略技术方向，可以采取申请一些非战略方向专利的方式来误导竞争对手。这类专利并不是企业的重点研发领域或者企业未来的重点投资方向，它们的申请并不是为了未来要应用这些专利技术。

第三节　TRIZ 与烟草企业专利布局

专利布局策略主要是指烟草企业综合分析产业、市场科技发展态势和法律等多方面因素，为有效保护企业的核心专利要素，防止他人恶意入侵，提升产业竞争力，对技术专利布局进行的合理安排。专利布局更加注重目的性和策略性，即专利布局是"有目的的专利集合或专利组合"。通过构建一套逻辑严密完整的高效上下游企业专利保护网，最终形成一系列对整个企业知识产权有利保障格局的完整专利保护组合。

专利布局对企业的显著作用主要体现在四个方面：一是扩大企业核心技术和关键产品的保护范围，减少对手对自己核心专利技术或产品的直接威胁，防御对手的进攻；二是能够对竞争企业形成包围作用，从而限制其发展；三是有助于科研工作者或产品研发人员有效掌握核心产品技术领域的全盘专利技术，从而快速学习领悟既有的专利技术，规避对手的专利范围，构建企业自身的专利布局策略；四是有助于产品研发人员缩短产品的研发周期，加快产品投入市场的进度，从而为新产品、新领域的抢占提供先机。我国已经把知识产权保护提升为国家发展战略，随着科学技术的飞速发展，有效的专利布局已经成为企业核心竞争力不可或缺的一部分，受到了烟草行业的高度重视。因此，有效的专利布局成为烟草企业在未来立于不败之地的必备技能，专利权的运用技术也不断发展并成为提升企业盈利能力的重要途径。

一、利用 TRIZ 工具进行专利布局的步骤

将 TRIZ 及其工具应用到专利布局中，可以有效指导产品创新设计并形成专利布局。

利用 TRIZ 进行专利布局设计主要包括以下三个步骤[3]（如图 8−1 所示）：

（1）系统检索与文献分析。专利布局设计之前，首先应该确定目标系统，包括技术系统或者产品，判定技术系统或者产品所处的进化阶段，根据不同的阶段分析出系统技术或流程相关的关键词。通过关键词检索，整理出整体的专利和文献库，并根据相关度提取部分专利分析，确定精确的关键词并检索，得到更为精确的目标专利库。

（2）确定信息提取策略和布局方向。对目标专利库信息进行综合分析，根据特定技术类别或产品定位，以及所处的发展阶段，针对具体进化演变情况，进行汇总分析，从而有效确定目标专利信息库的信息提取利用策略，并通过分析提取利用相关信息快速确定未来专利战略的整体布局方向。

（3）设计布局策略规划与流程。分析目前专利布局的特点，构建出专利分析表及系统结构与功能树，根据 TRIZ 提取出的专利信息，从而判定布局方向周围的专利形式，选择合适的专利布局模式，利用 TRIZ 中的工具进行问题求解得到新的方案，并建立专利布局流程。

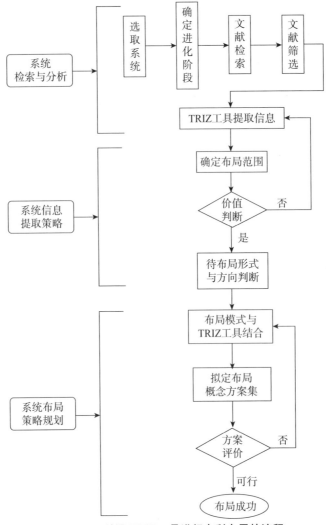

图 8-1 利用 TRIZ 工具进行专利布局的流程

二、基于 TRIZ 的专利信息提取策略及模式实现途径

（一）烟草行业产品的分类

根据的 S 曲线法则，自然界中的任何事物都要经历从萌芽期、成长期、成熟期到衰退期的过程，技术系统或者产品也是如此。未来技术或产品一般是指处于萌芽期的产品，新产品由于刚上市或者刚研发好，一般都处于成长期，已有产品或技术根据其市场状态一般处于成熟期或衰退期。已有产品是指已经上市销售的产品，被广泛消费，进入了产品的成熟或者衰退期，如大部分的短支

烟、细支烟、中支烟处于产品的成熟期，而部分常规卷烟处于产品的衰退期。新产品是指新研发出的或者刚刚上市的卷烟产品，如现在比较流行的加热不燃烧卷烟产品等。新产品是指目前市场上不存在，还处于概念研发的产品或者预测将要产生的下一代产品。

（二）专利信息提取策略

专利信息提取是专利布局的前提，需要从事专利布局的相关人员从海量相关专利中搜索出隐藏其中的具有特殊关联的技术知识。一般而言，在产品开发过程中，相关的专利会早于产品出现，专利的申请有助于创新产品的知识产权保护，而产品的结构特征中也蕴含了技术专利中的创新原理。专利中一般包含相关产品或技术的功能、原理、结构等相关信息，这些信息需要借助一定工具来获得。TRIZ 中包含了很多资源分析、功能分析和信息提取的工具，可以借助这些工具对不同类型产品的相关目标专利进行信息提取与资源挖掘。

产品或技术在不同的发展阶段包含的技术信息有所不同，其相关专利的创新性和挖掘价值也存在较大差别。当新产品问世之际，其技术还不太成熟，虽然专利等级高但是数量少，市场接受度也不高。在新产品或新技术刚问世时，由于一般专利的出现会早于产品面世，所以关于新产品的部分构想已经在专利中进行了保护，但是并不一定能够实施。新产品的技术不确定性较高，难以进行原件或模块分解，需要研究人员以专利为基础，建立起基于专利的权利信息功能元和结构模型，以便进行后续的功能分析。

现有产品可以分为产品的成长期和成熟期。成长期的产品经过一段时间的发展，性能大幅提高，但是可供创新的空间变小，发明专利的档次变低。成熟期的产品经过充分的发展后，产品相关的专利数量、经济效益和性能参数持续上升，但是上升的速率已经不及成长期，发明专利的档次仍处于较低等级。基于此，可以从产品的不同功能和产品的子系统发展水平等方面进行综合判断。成长期的产品处于性能优化和商品化开发阶段，一般可应用提高动态性、子系统不均衡进化法则，促使产品快速赶上，获得市场认可；而处于成熟阶段的产品，技术已趋于完善，一般是采用微观系统进化法则对局部进行改善。基于TRIZ 的功能分析法的信息提取策略可以对成长期和成熟期的产品的功能模块或子系统的功能实行多方面的分析。而基于九屏幕法的专利信息提取策略则可以从时间和系统两个维度进行专利信息提取分析，也可以基于 S 曲线法则分析现有产品在不同发展阶段的技术特点，结合目前社会和人文环境的发展情况，确定产品在不同时期的专利布局的策略需求。

未来产品一般还处于概念设计阶段，所申请的专利基本是基于未来产品的概念设计与设想，这种产品是基于产品研发人员的调研分析设计出来的，产品还未进入实施阶段，随着科学技术的发展及需求的不断变化，真正能够满足未来需求的产品才会最终进入实施阶段。这一阶段产品的相关技术都处于初步构想阶段，存在技术空白，相关授权的专利较少。针对这类产品可以选取技术系统的进化理论进行需求预测、技术和产品发展方向的预测，也可以利用 S 曲线法则对产品的功能进行分析，找出进化趋势、可能模式和实施该产品的相关核心技术。

（三）专利布局模式

1. 地毯式的专利布局模式

地毯式的专利布局模式一般用于不确定性系数偏高之时。该种专利布局方式包含了以下技术条件的限制因素和研发要求：足够大的专利投入和资金规模，以及研发的技术资源的协同配合。如果最终没有完全形成一套系统和有效的专利布局模式，则容易导致专利泛滥，无法达到预期的效果。

2. 城墙式专利布局模式

将实现某一技术目标的所有设计方案全部申请专利，不给竞争者进行规避设计和寻找替代方案的空间。

3. 围栏式专利布局模式

在核心专利由竞争者掌握时，将围绕该技术主题的许多技术解决方案申请专利，用若干小专利将核心专利包围起来，形成牢固的包围圈。这种模式给竞争者带来了很大麻烦，绕不开这些外围专利就要与这些专利拥有者进行交叉许可，比较适合于自身没有足够的技术和资金实力但是对技术又有足够敏感度的企业。

4. 路障式布局模式

将实现某一技术目标必需的一种或几种技术解决方案申请专利，申请及维护成本较低，但给竞争者留有回避空间，适合技术领先型企业在阻击中采用。

5. 糖衣式专利布局模式

当某个核心专利完全由原始申请人掌握后，他就能将该种技术相关联的全部解决方案申请专利。这样模式基本上能够阻止竞争对手利用相关技术抢夺市场，企业能够完全享有该技术所带来的利益，也能够避免竞争对手采用围栏式专利布局模式。该种模式适用于那些研发实力较强且拥有充足资金的企业。

（四）不同 TRIZ 工具下的专利布局模式选择

1. 基于矛盾理论的模式选择

综合前文所提到的专利布局模式和具体矛盾的类型，可选取城墙式布局模式或路障式布局模式进行专利布局。同时还需要考虑企业的技术实力，如企业为技术领先型，拥有较为先进的核心专利，则宜选取路障式布局模式对实现某一核心技术的必需的一种或多种解决方案申请专利；若企业的技术相对落后，在进行城墙式布局或路障式布局模式时可以考虑用发明原理进行方案创新。

2. 基于功能—效应的模式选择

基于功能—效应的模式选择一般包含五步：确定与分析问题，定义问题所需实现的功能，获得科学效应，筛选科学效应，应用科学效应确定概念方案和最终方案。

3. 基于 S 曲线法则的模式选择

S 曲线法则将系统（产品/技术）分成不同进化阶段，企业可以基于企业核心产品或核心专利技术的特点及其处于 S 曲线的发展阶段进行专利布局[4]。在系统的婴儿期，产品的技术还不成熟，企业应更加注重在产品核心基础专利的申请上，可选取路障式布局模式防止竞争对手的围堵，提前占据产品核心技术的制高点。在成长期，系统（产品/技术）相关的专利申请量会大幅增加，被攻破的可能性增加，需要构建更为严密的专利网，则应选取城墙式布局模式或地毯式布局模式。处于成熟期的系统，已形成基础专利系统，应该分析本企业专利，找出基础专利的拥有者，可选取糖衣式布局模式或围栏式布局模式对基础专利进行布局设计。当系统处于衰退期时，基础专利已经掌握，若想继续保持系统（产品或技术）的生命力，则需要基于基础专利，对其进行分析与挖掘，找到关键性技术得到突破性的进展，则可能进入下一发展周期。因此，衰退阶段需要针对竞争对手的核心产品或专利技术进行围栏式专利布局设计，争取跟竞争对手进行交叉许可，在产品进入下一阶段发展时占据主动，同时还要寻找替代技术。

综上所述，不同的专利布局模式有其应用的前提，对应选取的 TRIZ 工具也不是一成不变的，企业在进行专利布局时，应综合考虑产品或专利技术的特点，选择适宜的布局模式构建相应的专利网。

三、基于 TRIZ 的产品专利布局策略规划

（一）基于产品功能模型分析的产品专利布局

功能模型分析理论是 TRIZ 中最为重要的分析工具。针对不同的子系统或功能元选取功能分析的方式进行重新求解，再归纳同类项，将实现某一有用功能的所有专利方案纳入统一专利组合，具体步骤如下（见图 8-2）：

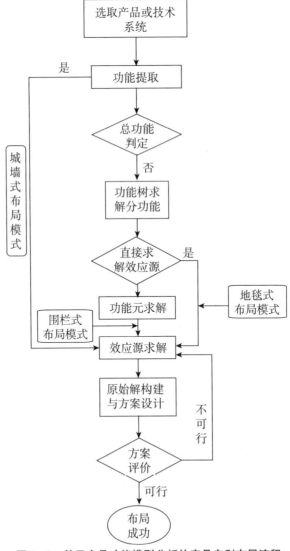

图 8-2　基于产品功能模型分析的产品专利布局流程

第一步，选取系统（产品或技术），根据系统的关键功能检索并筛选文献，找出相关专利并对专利中可以实现的功能进行提取，得出产品实施的总功能。若系统的总功能直接能够判断处理，则可考虑针对总功能实施技术采用城墙式布局模式，查询总功能中的效应源；若不能直接确定总功能则进入下一步骤。

第二步，建立系统（产品或技术）的基本功能结构模型，将基本功能的分功能找出来。若分功能可直接求解出其效应源，对分功能实现技术选取地毯式布局的模式布局；如若不能直接求解出效应源，则可考虑选取围栏式布局模式进行布局。

第三步，将方案求解步骤中遇到的各种效应源问题逐一进行综合评价分析，构建出方案的原始解集并在最终阶段形成概念方案集，对方原案集进行再分析、再评价。若概念方案集可行则确认方案布局和设计已成功，不可行时则将重新返回原方案效应源求解，待问题的再次评估选择完毕后，进行重新分析和方案优化设计。

（二）矛盾冲突与分离原理在产品专利布局

矛盾冲突与分离理论不仅适用于新产品的专利布局，也适合于已开发产品的布局，可分析现有产品，结合产品的现状与产品中存在的矛盾与冲突，进行专利布局。基于矛盾的冲突与分离的原理进行产品专利布局流程如图 8－3 所示，具体步骤如下。

步骤一：选定系统（产品/技术），进行文献检索，依据现有待开发布局专利资料进行开发需求的分析，拟定合适的专利布局模式方案。

步骤二：根据企业现有产品专利、专有技术、相关技术专利，分析并找出产品或技术的中存在的矛盾，进行矛盾转化，厘清哪些是技术矛盾，哪些是物理矛盾。

步骤三：根据 TRIZ 中矛盾理论中相关处理原则，若是技术矛盾，则可采用路障式布局模式，分析出具体的技术矛盾，采用矛盾矩阵与发明原理的方式进行处理；若是物理矛盾，则可选取城墙式专利布局模式，将物理矛盾转化为冲突，利用处理冲突的四大分析原理来解决，从而产生相关概念方案集。

步骤四：对产生的概念方案集进行评估，若可行，则进行方案评价与专利布局；若不可行，则返回第二步的矛盾转化步骤，重新进行专利布局。

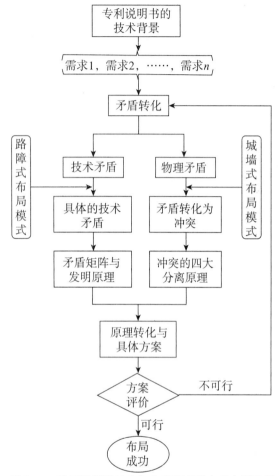

图 8-3　基于矛盾的冲突与分离原理的专利布局流程

（三）基于 IFR 中系统部分理想化的专利布局

根据系统理想度的公式，系统一般具有有用功能和有害功能，通过裁剪系统的有害功能可以使得系统的理想度提高，从而重构系统。基于 IFR 的原理，对相关技术专利或相关产品专利进行综合分析，找出潜在有害的功能因子（有害作用、成本、不足作用、过剩作用等及各个相关原件）后，裁减掉与有害作用直接相关的元件，并重组系统结构，规避由于现有系统专利中的功能不足而产生新缺陷的系统方案。基于裁剪已有产品专利布局的流程如图 8-4 所示，具体步骤如下。

步骤一：选定相关系统的（产品/技术）相关专利，进行相关技术文献的检索，筛选出的相关系统技术功能专利列表或其他相关科技文献，依据对比分析，拟定或设计出最合适的产品专利布局模式。

步骤二：根据需要裁剪的现有知识产权的系统产品专利或系统产品技术专利的其他相关功能专利，分析并找出产品或技术的功能元件，分析各功能元件之间的作用关系。

步骤三：根据 IFR 的相关原则，厘清应先裁剪哪些功能或者非必要的组件从而使系统朝着理想化的方向前进。应用裁剪对其进行删除或者替换，或者借用超系统的资源达到相关功能需求，使得系统尽可能朝 IFR 方向进化。

步骤四：对产生的概念方案集进行评估。若裁剪后产生新问题，则考虑用 TRIZ 的其他工具对拟订方案进行弥补。若可行，则进行方案评价与专利布局；若不行，则返回第一步的专利功能分析，重新进行专利布局。

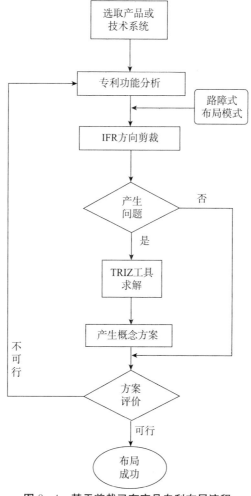

图 8-4 基于剪裁已有产品专利布局流程

（四）基于 S 曲线法则的产品或技术专利布局

根据 S 曲线法则，系统（产品）要经历从萌芽期、成长期、成熟期、到衰退期的整个过程，每个产品都有自己的进化规律，也会有多条进化路线，每条路线描述了产品向各个方向的进化路径。基于系统进化法则的技术或产品专利布局流程如图 8-5 所示，具体步骤如下。

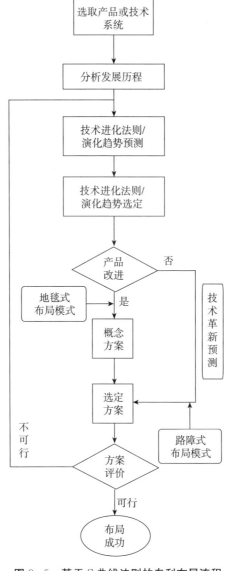

图 8-5　基于 S 曲线法则的专利布局流程

步骤一：选取相关系统相关（产品/技术）的专利，分析该系统所处的发展阶段，并据此检索并筛选出相关系统技术产品的专利布局。

步骤二：根据技术系统进化过程，对系统进行技术系统预测与评估。

步骤三：搜索现有技术系统的发展路线，根据所选定技术系统的发展趋势，判断是否是针对现有产品的改进或是直接进行下一代技术或产品的创新。

步骤四：若对现有技术进行产品改进，可选择地毯式布局模式进行保护；若需要研发下一代产品或技术，则可先选择路障式布局模式对技术进行初步保护，再对路障式布局模式周围的专利采取围栏式布局模式或者糖衣式布局模式进行进一步布局。

步骤五：根据选定的模式拟定出创新方案，对方案的可行性进行评价。若可行，则此专利布局成功；若不可行，则返回第三步进行技术进化路线的重新选择。

参考文献

［1］胡峰. 透视中国烟草企业的专利战略［J］. 云南民族大学学报（哲学社会科学版），2007（2）：63－67.

［2］胡峰. 国际化进程中的中国烟草知识产权管理研究［M］. 北京：经济科学出版社，2008.

［3］杨玉美. 基于 TRIZ 的专利布局方法研究及应用［D］. 天津：河北工业大学，2017.

［4］蓝福秀. 我国企业专利战略研究［D］. 武汉：武汉理工大学，2005.